LES MIRACLES DE
LA PENSÉE POSITIVE

MARIANNE STREUER

LES MIRACLES DE LA PENSÉE POSITIVE

ou comment
la pensée positive
devient
source d'épanouissement
personnel

Titre original
ZAUBERFORMEL GEDANKENKRAFT
Copyright © 1982 Ariston Verlag, Genf, Suisse

Traduction française
Les Éditions de Mortagne
© Copyright Ottawa 1984

Édition
Mortagne Poche
250, boul. Industriel, bureau 100
Boucherville (Québec)
J4B 2X4

Diffusion
Tél.: (514) 641-2387
Téléc.: (514) 655-6092

Dépôt légal
Bibliothèque nationale du Canada
Bibliothèque nationale du Québec
1er trimestre 1992

ISBN: 2-89074-508-2

2 3 4 5 - 92 - 96 95

Imprimé au Canada

Je dédie ce livre à tous ceux à qui j'ai pu apprendre quelque chose.
Car par eux aussi, j'ai beaucoup appris.

SOMMAIRE

CHAPITRE 1:

La pensée positive n'est-elle qu'une figure de style?

1. *Qui veut peut.*

Votre pensée façonne votre existence. Elle pose les fondations du bonheur et de la réussite, ou elle vous entraîne sur la pente des défaillances et des malheurs de toutes sortes. Votre pensée peut vous faire passer de l'exaltation à la dépression. Elle constitue une force inouïe car sa puissance est incroyable. Rien ne se passe en ce monde sans qu'on n'y ait d'abord pensé. Quoiqu'il se produise dans la vie d'un homme, il a d'abord fallu qu'on y pense. Un baiser, un meurtre, une maison, un produit industriel, tout cela existe d'abord dans l'imagination.

On pourrait donc en déduire que les gens qui obtiennent ce qu'ils désirent, qui amassent des fortunes, qui sont en vue ou qui atteignent la renommée ont une pensée positive. Mais c'est une erreur. Si nous considérons le monde autour de nous, il apparaît au premier coup d'oeil que le manque d'égards envers le prochain garantit le succès. Mais si l'on considère de plus près la réussite ainsi obtenue, la soi-disant «chance» de ceux qui ont réussi en ne tenant compte de rien, un fait devient évident: sans base spirituelle, la réussite n'est qu'une façade qui attire le regard. Derrière cette façade purement extérieure, on trouve très souvent des gens désespérés, des couples divorcés, des enfants bons à rien, des parents déçus.

Et qu'en est-il en général? Qu'a réalisé pour le monde la pensée dominante de notre civilisation contemporaine? La poursuite brutale de la réussite et du profit et l'abandon de toutes les valeurs spirituelles et éthiques, de toute délicatesse de sentiments, nous ont amenés au seuil de la destruction. Nous sommes confrontés aux problèmes menaçants de la pollution universelle, de la pénurie de matières premières pour notre industrie et du chômage qui en résulte ainsi que de l'explosion démographique dans le Tiers-Monde, d'agitation sociale et d'une incroyable famine. Et je ne veux même pas parler du danger d'une guerre atomique dont il est question jour après jour.

Ne prenons qu'un exemple: la couche d'oxygène de la Terre, produite depuis des millions d'années par la vie végétale et sans laquelle nous ne pourrions pas exister, a été tellement détériorée par les hommes en quelques décennies qu'il en résulte un très sérieux danger pour toute l'humanité.

Comment se peut-il que les conquêtes matérielles de notre société d'abondance puissent troubler la vie elle-même, voire la détruire? Comment le soi-disant progrès peut-il ainsi nous faire reculer quoique les buts recherchés soient apparemment atteints?

Des futurologues renommés préconisent pour la survie du monde un «changement immédiat des consciences». La mise en œuvre des aptitudes et des forces humaines doit s'effectuer à un niveau mental supérieur, de manière à ne pas seulement envisager le bien-être dans l'immédiat, mais aussi pour que la «prospérité» résiste à un examen plus approfondi, tant pour les individus que pour les peuples.

Ainsi, les critères de la situation mondiale dans son ensemble ainsi que les maladies et les désordres psychiques qui se manifestent sur le plan personnel montrent que quelque chose ne va pas. La pensée contemporaine usuelle, lorsqu'elle est orientée vers la réussite et qu'elle mène au succès escompté, ne peut pas être la bonne. Celui qui, en bien comme en mal, obtient ce qu'il veut, possède en effet le don d'avoir toujours ses pensées fermement et irrévocablement orientées vers ses objectifs. Mais une telle pensée positive n'est pas tout, et elle est insuffisante. C'est dans le sens de la justice et du droit qu'il faut penser positivement.

Les anciennes écoles philosophiques de l'Inde et de la Grèce apprenaient d'abord à distinguer le Bien et le Mal, le Bon et le Mauvais. C'est en se fondant sur ces bases éthiques que la puissance de la pensée positive doit s'établir et doit se réaliser dans l'existence. «Penser positivement» est véritablement une formule magique. Elle peut signifier l'expansion ou la destruction. En recherchant le succès de façon égoïste, sans assumer les responsabilités nécessaires pour soi et pour le monde, la grâce devient malédiction. C'est pourquoi tant de gens sont profondément malheureux quoiqu'ils aient atteint leurs objectifs. Pour la même raison, malgré toutes ses conquêtes, l'humanité se trouve à un tournant, voire même au bord de l'abîme.

Ce mot «positif»[1], que signifie-t-il vraiment? Le dictionnaire Duden des mots étrangers définit «positif»

_____

(1) Le mot «positif» étant ce qu'il est en français, et sa signification nous étant parfaitement claire, on pourrait considérer qu'il était superflu de traduire ce passage du texte original. Pour l'auteur, le mot allemand «Positiv» est un mot d'origine étrangère qui a besoin d'être expliqué. Nous avons cependant traduit son analyse parce qu'elle apporte un élargissement du sens du mot tel que nous l'utilisons usuellement en français. (N.d.T.)

comme «affirmatif, concordant; qui entraîne un effet; avantageux, profitable, bon; sûr, précis, effectif». Si nous considérons le mot dans son emploi le plus fréquent en anglais — dans un sens proche de celui de l'allemand — en consultant le dictionnaire anglo-allemand de Langenscheid, nous verrons qu'il est traduit entre autres par «déterminé, absolu; sûr, péremptoire, effectif; concordant, convaincu. «*To be positive about something*» signifie «être absolument certain de quelque chose». Cela répond à la question. Le mot ne pourrait pas être mieux expliqué.[1]

Penser positivement signifie ne pas douter de la réussite de ses projets, être convaincu de la puissance de ses pensées. La pensée qui affirme et qui est soutenue par la conviction crée une source d'énergie qui devient une réalité visible, voire même tangible. La manière dont fonctionne ce mécanisme spirituel ne vous apparaîtra bientôt plus comme un miracle mais comme une chose purement logique et conséquente. Mais dès maintenant, vous devez prendre conscience d'une chose: il faut être prudent avec ses pensées.

Il est d'une importance absolument vitale de prendre conscience de cette force énorme et de se rappeler la manière dont on veut la mettre en œuvre. Car cette force peut être dirigée par la conscience.

ANDREW CARNEGIE fut l'un de ces nombreux personnages qui ont su diriger leur pensée consciente vers un but, sur la base de la plus haute responsabilité morale. Il débuta comme garçon de courses dans une filature, et à cinquante ans, il était le «roi de l'acier du Nouveau Monde».

Il est surprenant et intéressant de voir de quelle façon et avec quels moyens ce self-made man a réussi sa vertigineuse ascension. Sa réussite n'est pas due au fait qu'il ait brutalement joué des coudes, mais elle est le résultat de la volonté de mobiliser les idées et les forces qui sommeillent en l'homme. Pour Carnegie, le secret de son énorme réussite se trouve dans la conviction que l'Homme cache en lui des possibilités insoupçonnées.

Des savants russes, spécialistes du cerveau, ont démontré que l'homme moyen n'utilise que vingt pour cent de ses cellules cervicales. Il faut donc aussi mettre en mouvement le fonctionnement de ces cellules. L'impulsion est donnée par des processus énergétiques et matériels issus du domaine spirituel.

Pour Carnegie, il allait de soi que les plus hauts degrés de l'existence humaine — et donc aussi l'intelligence — font partie intégrante de l'esprit. La mise en branle des quatre-vingt pour cent de la masse cervicale humaine qui sont en inaction n'est qu'une manifestation matérielle couplée à la prise de conscience de la capacité spirituelle.

Qu'André Carnegie, l'un des hommes les plus riches qu'ait connus l'Amérique ait été au courant de ces règles bien définies et les ait appliquées ressort non seulement de l'aide qu'il apportait aux autres, mais aussi de sa manière de vivre et du succès de son existence. Seule une juste connaissance peut engendrer un comportement de haute valeur morale. Carnegie qui, au début de ce siècle, avait déjà un revenu annuel de quarante millions de dollars, se retira de ses affaires à 66 ans et il se consacra alors, comme il le dit lui-même, à «l'entreprise beaucoup plus difficile d'une sage répartition» de sa colossale fortune. L'engagement social est la démonstration de la maturité spirituelle.

Dans les vieux écrits indiens, on trouve cette maxime: «Lutte tout d'abord pour arriver à la connaissance, ensuite pour le bien-être». L'Histoire a démontré la valeur et la vérité de ces mots. La richesse entre les mains d'hommes ignorants est un danger pour leur propre bonheur et pour celui des autres. Seul celui qui connaît le sens de l'existence humaine et les lois du processus de la vie est capable de se consacrer à son propre bien et à celui d'autrui. Sa pensée positive est en outre une pensée juste dont résulte un comportement droit. Un homme honorable n'est en rien désavantagé à l'égard de celui qui agit sans ménagements : il lui suffit d'utiliser les ressources de la force spirituelle.

Comment la réalité peut-elle naître d'une pensée droite et positive? N'est-ce possible que lorsqu'on dispose de cette faculté comme d'un bien inné? Il y a des gens qui semblent véritablement favorisés d'une disposition naturelle à l'optimisme. Mais cet avantage, n'importe qui peut l'avoir. Il n'y faut qu'un peu d'entraînement. Même si nous ne pouvons pas tous devenir un Carnegie, chacun de nous peut cependant tirer davantage de lui-même.

La chaîne de ceux qui ont su pratiquer la connaissance spirituelle avec le gain supplémentaire du succès matériel s'étend de l'époque spirituelle à notre univers contemporain. La sagesse du roi Salomon était légendaire, et celle-ci lui a assuré une existence d'honneur et d'incalculable richesse, célébrée bien au-delà des frontières de son royaume. Pour connaître la vérité, la reine de Saba se rendit à sa cour, et elle constata que la réalité dépassait de loin sa renommée.

Selon mon expérience pratique, je connais bien des gens qui ont réussi avec cette formule : *Être convaincu du succès.*

Après une perte de conscience de cinq semaines, une patiente s'était réveillée avec une paralysie totale du côté gauche. En conséquence, les cellules nerveuses du centre du mouvement étaient détériorées. Les médecins lui déclarèrent que d'autres cellules, que l'on pourrait appeler des cellules de réserve, pourraient être activées par la stimulation et l'exercice et reprendre les fonctions nécessaires. Après six mois, elle effectua ses premiers essais de marche. Elle entraîna son corps, sa parole, sa pensée. Et un jour, elle me déclara qu'elle voulait maintenant conduire une voiture. Elle obtint finalement son permis de conduire.

Une autre patiente, à dix-sept ans, était à ce point alcoolique qu'elle cachait tous les jours sa «petite goutte» dans une bouteille d'eau gazeuse pour pouvoir l'introduire en fraude à l'école. Rien ni personne ne pouvait la débarrasser de cette passion. Pas plus que le traitement psycho-thérapeutique commencé à 21 ans. Au contraire: elle fut bientôt soumise, en plus, à la dépendance des remèdes psychothérapiques. A vingt-cinq ans, elle souffrit de plusieurs problèmes du système neuro-végétatif, allant jusqu'au «blackout». Ces pertes de conscience duraient souvent chez elle jusqu'à une heure, et elles se produisaient presque chaque semaine. Puis vint le temps où elle ne put plus se lever du lit sans vomir. Souvent, cela durait pendant plusieurs jours.

Soudain, une idée bien précise surgit en elle, et cette pensée très simple fut sa bouée de sauvetage: «Je passe encore mon examen pour mes parents.» Un bon effort pour atteindre son but doit nécessairement produire de bons effets. Après trois mois d'âpre lutte contre les phénomènes de la privation, tout alla mieux, et elle passa ses examens. Mais un an et demie plus tard, elle souffrait encore de troubles du sommeil, de vertiges, de maux de têtes, de maux d'estomac et d'intestins, de dépression, d'angoisses, de palpitations, de troubles de la vue, etc. Dans cette situation, nous avons pu reformer des motivations importantes et correctes pour son existence. Grâce à des exercices corporels et spirituels quotidiens, elle fut complètement apte à retourner travailler après trois mois. Trois ans plus tard, les examens de laboratoire révélèrent un état normal du foie et une pression sanguine idéale. Son état corporel et nerveux était tellement stable qu'elle ne fut pas un seul jour absente de son poste d'institutrice. Elle se livrait même encore à des activités extra-professionnelles. Une boisson alcoolisée prise en société ne signifie aujourd'hui pas plus pour elle que pour tous les autres. Elle y est arrivée par la volonté, par une bonne motivation et par la pensée positive.

Tous ceux qui sont confrontés au problème de l'alcoolisme sous quelque forme que ce soit savent quelle performance cela a pu représenter. Mais qui veut peut!

Grâce à mon expérience pratique, je sais de façon précise que bien des gens qui souffrent de troubles psychiques, surtout les dépressifs, mais aussi ceux qui souffrent de maladies corporelles peuvent être guéris sans médicaments, seulement par la pensée positive et une motivation correcte.

«Méditer», c'est-à-dire réfléchir, et «médicament» viennent de la même racine indo-européenne «Mahd» qui signifie à peu près «être sage». *Ainsi, une bonne idée directrice est un véritable «médicament».*

Phrase clé

Penser positivement signifie «*S'en tenir consciemment, en toute certitude et en toute conviction, aux idées directrices correctes.*»

2. La parapsychologie: qu'est-elle? qu'apporte-t-elle?

Au cours de ces dernières années, la parapsychologie est à la mode, et on en parle beaucoup. Il y a cependant peu de gens qui en aient une notion précise, quoique sa matière nous concerne tous. Car partout se produisent des événements paranormaux, et on assiste chaque jour à des faits parapsychiques. Cette jeune science n'a rien à voir avec la superstition ou l'occultisme.

Cependant, lorsqu'on parle de parapsychologie, il apparaît nécessaire, d'après l'expérience, de bien établir ensuite comment cette science s'est développée et ce qu'elle signifie. C'est ce que nous allons esquisser avant tout en guise d'introduction.

La parapsychologie s'est tout d'abord dégagée de la psychologie comme un domaine connexe de l'étude de l'âme, puis comme une discipline scientifique propre. Mais la parapsychologie elle-même, en tant que solide science de recherches méthodiques, n'a fait ses débuts qu'au cours du XIXe siècle. Auparavant, l'étude de l'âme s'épuisait en efforts sans doute méritoires mais parascientifiques.

Les débuts de la recherche scientifique exacte des phénomènes paranormaux remontent au troisième tiers du XIXᵉ siècle. L'un des jalons de cette nouvelle science demeure la fondation de la Society for Psychical Research (SPR), en Angleterre, par Henry SIDGWICK, Frederic W.H. MYERS, Edmund GURNEY, William BARRETT et Frank PODMORE en 1882, ainsi que l'initiative du psychologue William JAMES, en 1885, de fonder sur les mêmes bases la SPR américaine. A une époque plus récente, l'histoire de la parapsychologie demeure liée aux travaux d'hommes comme Joseph BANKS RHINE aux États-Unis, Samuel G. SOAL en Angleterre, W.H.C. TENAEFF en Hollande, Leonid L. WASSILIEV en Union soviétique et Charles RICHET en France. Richet, physiologiste à la Sorbonne et co-fondateur de l'Institut métaphysique international, a donné dans la préface de son oeuvre capitale publiée en 1922 *Esquisse de la parapsychologie et de la paraphysique*, une sorte d'explication fondamentale de la parapsychologie. Il y écrit que ceux qui chercheraient dans son livre un certain nombre de spéculations nébuleuses sur le destin de l'Homme, la magie et la théosophie seraient déçus. Selon lui, tous les autres doivent d'abord s'assurer des faits et les décrire en général et en particulier, car ce n'est qu'ainsi que leur arrière-plan pourra être compris.

En Allemagne, on compte parmi les pionniers de la parapsychologie Hans DRIESCH, biologiste et philosophe que l'on peut véritablement appeler le chef de file de la recherche allemande, Max DESSOIR, qui a donné à cette science le nom de parapsychologie de même que Rudolf TISCHNER et, à une époque plus récente, Hans BENDER, de l'Université de Fribourg.

Parmi les quelque cent champions et pionniers de la parapsychologie, on trouve presque partout d'honorables professeurs d'université, de remarquables et importants savants en sciences naturelles et toute une série de prix Nobel (par exemple, Richet, prix Nobel de médecine, 1913).

Néanmoins, la jeune science ne put éviter de subir de grossiers malentendus et des contestations malveillantes: c'est le sort de toute activité de recherches dans des domaines encore inconnus. Souvenons-nous que celui qui a ouvert la voie à la psychologie, Sigmund FREUD, n'a pas connu un meilleur sort avec sa théorie révolutionnaire de l'Inconscient et qu'avant lui, de nombreux savants en ont subi bien davantage. Par exemple, Galileo mieux connu sous le nom de GALILEE qui fut victime de l'Inquisition pour avoir soutenu la théorie héliocentrique de Copernic.

La principale difficulté de la parapsychologie réside dans le fait qu'on lui attribue, à tort ou à raison, certains aspects de l'occultisme. A l'inverse, l'un des principaux courants de l'occultisme, le spiritisme (qui part de la croyance à l'apparition d'esprits et aux rapports avec les âmes des défunts) a donné une impulsion décisive à l'examen des phénomènes spirituels tant en psychologie qu'en parapsychologie. Des centaines de cas de manifestations spirites comme l'apparition d'esprits et la matérialisation de personnes décédées, la vision de fantômes et les machinations de lutins, les tables qui tournent et les lévitations, etc. ont été analysées par des parapsychologues importants et vérifiées sous l'angle de la réalité d'un phénomène paranormal. Beaucoup de ces cas n'étaient que filouterie, certains étaient dus aux illusions des participants eux-mêmes. Plusieurs autres cas échappaient à tout jugement. Mais dans d'autres, les phénomènes paranormaux semblaient bien établis.

La jeune science doit aussi lutter contre les préjugés de savants dogmatiques et consacrés appartenant à d'autres disciplines. De plus, pour l'instant, elle est encore toujours désapprouvée quoique, comme science, elle ait depuis longtemps obtenu le statut académique (à cet égard, les centres suivants, pour ne nommer que les plus importants, sont renommés: la «Duke University», à Durham, aux États-Unis, les universités de Gronigen, d'Utrecht, de Bonn, de Fribourg, d'Innsbruck, de Leningrad, et la Sorbonne). Finalement, la parapsychologie lutte aussi avec elle-même — surtout pour une méthodique unitaire et irrécusable et pour une terminologie unique — et elle lutte aussi contre l'ignorance des masses, contre la superstition et également contre un occultisme de boulevard nourri par la presse et la littérature à sensation ou les tours de passe-passe des baraques foraines qui font plus de mal que de bien aux choses sérieuses.

Mais alors, qu'est-ce vraiment que la parapsychologie? Que cherche-t-elle, qu'apporte-t-elle? Jusqu'à une époque récente, elle était établie, comme on l'a dit, sur les recherches relatives aux événements dits «occultes» (Driesch) ou surnaturels. Aujourd'hui, on a démontré qu'il s'agit là de phénomènes complètement naturels qui «se déroulent en dehors des lois que nous connaissons aujourd'hui sur le comportement des énergies» (Milan Ryzl). Les savants — américains, russes, allemands — parlent à cet égard de Psi-énergie. Ce sont surtout les phénomènes de la perception extra-sensorielle qui font l'objet de la recherche. Ces perceptions ne peuvent être acquises au moyen de nos cinq sens classiques. On range sous cette appellation de perception extra-sensorielle la transmission de pensée (télépathie) et la clairvoyance. De nombreux savants font encore une distinction entre la perception extra-sensorielle du futur, la vision du futur, la prémonition (pré-connaissance) et la perception extra-sensorielle du passé: la vision du passé (rétro-cognition). A côté de ces phénomènes intellectuels, on étudie aussi des phénomènes physiques, particulièrement dans la psychokinésie, c'est-à-dire l'influence psychique sur la matière et sur les comportements matériels, également sur les processus biologiques.

Pour établir la preuve des phénomènes, des centaines de milliers d'expériences sont effectuées à la chaîne par des milliers de chercheurs. Ce sont les fameux «tests de cartes» pour la perception extra-sensorielle et les «tests de dés» pour la psychokinésie. Dans les tests de cartes, les expérimentateurs doivent «deviner» des cartes à jouer; dans les tests de dés, ils doivent influencer la chute d'un dé jeté machinalement. Les résultats ont été surprenants: ce qui, en son temps, n'avait été établi que dans des séances de médiumnité pouvait être démontré maintenant par des expériences sévèrement contrôlées. Sur base de telles méthodes statistiques et quantitatives et de leurs résultats, on peut considérer aujourd'hui comme prouvé que l'homme est capable de perceptions extra-sensorielles et de psychokinésie et que ce sont là deux choses qui existent vraiment.

Le fait que les phénomènes de perception extra-sensorielle — communément appelés «télépathie» et «clairvoyance» — procèdent de l'Inconscient, permet de provoquer l'apparition et le développement de ces facultés dans l'état d'hypnose. Dans la transe hypnotique, l'homme est détendu, il dépasse la spéculation intellectuelle et il est plus accessible à la suggestion. C'est une situation qui favorise les phénomènes de perception extra-sensorielle. Et de fait, on a entrepris très tôt des tentatives pour susciter des phénomènes qui soient d'une part parapsychiques et de l'autre hynoptiques. Le psychologue français Pierre JANET et le physiologiste Charles RICHET sont entrés dans l'Histoire par de telles expériences.

Le plus important savant mondial en ce domaine — celui de la parapsychologie en rapport avec l'hypnose — est sans conteste, aujourd'hui, Milan RYZL que nous avons déjà cité. C'est un savant tchèque en sciences naturelles et en parapsychologie. Après avoir fui aventureusement les pays de l'Est, il s'est établi aux États-Unis comme chercheur indépendant, et il est aujourd'hui professeur à l'Université John F. Kennedey à Orinda, en Californie. Ses expériences, relatées dans des revues parapsychologiques et dans de nombreux livres traduits en plusieurs langues sont véritablement sensationnelles en raison du puissant esprit scientifique de ce chercheur. Ce remarquable savant, qui a obtenu le «prix McDougall pour de volumineux travaux en parapsychologie», a développé une méthode pratique, à la portée de tous, pour un entraînement judicieux en matière de perception extra-sensorielle, permettant de susciter et d'activer le «sixième sens».

Tout ce que l'on classe de nos jours sous la bannière de la parapsychologie, devenue à la mode, n'est pas toujours à prendre au sérieux. Dans le sillage de la jeune science, une littérature occulte fait à nouveau pousser aujourd'hui ses fleurs étranges.

Cependant, on peut dorénavant considérer comme scientifiques les phénomènes de base de la perception extra-sensorielle, la télépathie et la clairvoyance. Par contre, on est beaucoup moins sûr des phénomènes de l'influence des forces parapsychiques sur les états physiques, chimiques ou biochimiques, ainsi que sur les animaux et les plantes. Toujours est-il que la psychokinésie peut avoir une valeur expérimentale et on peut affirmer ici que les fascinants travaux de recherche qui se développent aujourd'hui dans le monde sont également en cours dans ce domaine.

Par contre, bien d'autres choses — par exemple, la question de la réincarnation — manquent encore aujourd'hui de preuves irréfutables dans le sens scientifique du terme. Mais même les plus grands sceptiques doivent considérer que ce qui n'est pas encore prouvé scientifiquement de manière incontestable peut constituer une hypothèse de travail acceptable pour de nouvelles recherches. Il y a quelque cent ans, n'aurait-on pas considéré la théorie de la relativité, qui allait changer l'image du monde, ou les vols des astronautes comme incroyables, voire même comme une pure utopie? Ou la théorie, aujourd'hui démontrée, de l'Inconscient? Ou encore, cet «Inconscient collectif» qui emmagasine comme un ordinateur tout le contenu héréditaire refoulé que nous avons oublié?

Les sciences naturelles et les acquisitions technologiques sont extrêmement développées. L'image de notre monde s'est considérablement élargie, vers l'extérieur dans l'espace cosmique devenu accessible, et vers l'intérieur dans les profondeurs de l'Inconscient. Beaucoup de chercheurs, parmi lesquels, comme nous le verrons plus loin, des naturalistes et des technologues renommés, sont convaincus que dans un proche avenir les plus grandes révolutions s'opéreront dans le sens des recherches sur la vie intérieure plutôt que dans celui du monde extérieur, particulièrement dans le champ des connaissances en psychologie, en parapsychologie et dans le domaine de la physique qui s'efforce de dépasser les sciences naturelles orthodoxes. A ce propos, le professeur Milan Ryzl écrit:

> «Celui qui veut introduire les phénomènes para-psychiques dans notre image du monde doit réviser les conceptions anciennement admises de la matière, de l'espace et du temps.»

Après cette échappée dans le domaine des recherches de la parapsychologie, une question s'impose à nous: mais d'où vient la force qui permet aux phénomènes paranormaux d'être mis en oeuvre? Serait-ce peut-être «l'énergie atomique de l'esprit» dont la forme la plus haute est la création toute entière?

De nombreux savants parlent à cet égard, comme nous l'avons déjà dit, de Psi-énergie, en étant parfaitement conscients que la notion d'«Énergie» a été empruntée à la physique et est utilisée à défaut de mieux.

En physique, le mot désigne une notion clairement circonscrite. La physique peut émettre des affirmations à propos des structures et de leurs rapports entre elles, mais pas à propos de l'existence d'une énergie déterminée. On pourrait dire que l'énergie est porteuse d'informations et d'effets. L'entropie est une mesure d'utilisation de l'énergie. Elle concerne un système ordonné qui est disponible. Ici, nous trouvons des définitions certaines de l'action et de la qualité.

Mais sur ce plan-là, la physique ne peut pas dire de quelle nature ou de quelle essence est cette énergie active. Qu'une machine soit manœuvrée ou que des muscles soient mis en mouvement, qu'un ordinateur ou qu'un cerveau humain traite des informations, chaque fois, un certain travail est fourni: cela, c'est l'énergie.

Si un coureur de fond tient plus longtemps qu'un autre, nous disons: «Quelle énergie!» Bon. C'est vrai, il possède une certaine énergie physique. Mais de quelle nature est cette énergie qui lui permet de tenir bon? Quelle est l'essence de l'énergie de l'ambition, de la colère ou de choses de ce genre, qui est présente dans les cellules corporelles de l'homme et qui assure aussi les liaisons entre elles?

C'est cette situation non satisfaisante qui a incité les physiciens les plus importants à pousser plus loin leurs réflexions. La structure devait être expliquée, et pourtant, l'*essentiel* demeure ouvert. On comprend assurément mal Max PLANCK lorsqu'on croit qu'il veut mettre sur le même plan, dans le sens physique, l'énergie, l'esprit et Dieu. Il croyait plutôt qu'une force spirituelle était l'élément primordial derrière les manifestations de la matière et de l'énergie.

La parapsychologie s'est attachée à apporter de nouvelles démonstrations et, comme beaucoup de ses chercheurs sont des physiciens, elle y est arrivée. La possibilité que toutes les formes d'énergie soient les aspects d'une force spirituelle centrale et absolue comme le prétendait la philosophie sanscrite, demeure complètement ouverte.

Leonid L. WASSILIEV, professeur et dirigeant de la section physiologique de l'Université de Leningrad et de la section spéciale de parapsychologie qu'il a fondée a déclaré: «La découverte de la Psi-énergie sera de la même importance que celle de l'énergie nucléaire.»

La découverte de l'équation Esprit = Énergie n'est sans aucun doute pas moins importante que celle de l'équation Matière = Énergie.

Lorsque aujourd'hui, des dirigeants se soumettent à l'entraînement de leurs forces spirituelles ou psychiques en suivant des cours qui portent diverses étiquettes, comme cela se fait couramment en Amérique et comme on commence à le faire en Europe, ils en tirent certainement un avantage personnel. On peut cependant se demander si le résultat est profitable à la communauté. Dans le secteur économique, nous pouvons tous éprouver l'effet que provoquent en nous les idées qu'on tente de nous imposer si nous ne nous soustrayons pas à la publicité. Ainsi, il peut arriver que nous achetions un pâte dentifrice déterminée à cause du seul attrait de son emballage, ou parce que nous avons encore son nom à l'oreille pour l'avoir entendu à la radio.

Le «psychotraining» est également devenu une notion courante dans le domaine du sport. On devrait dire plus justement «entraînement mental». Car il existe en grand nombre de pures formules mentales grâce auxquelles les sportifs de haut niveau se programment pour le succès et pour les meilleures performances mondiales. En matière de performances sportives, la limite d'utilisation de toutes les possibilités corporelles et techniques a été atteinte. Seul l'appoint d'un entraînement mental permet encore d'améliorer les performances.

Suivant la maxime: «Tout ce qui existe dans la réalité a d'abord existé dans l'esprit,» des skieurs réussissent déjà leurs descentes et remportent la victoire — en esprit — avant la course. Dans leur imagination, ils se voient en parfaite condition au départ et avec un temps excellent sur la piste.

On sait aussi que la très célèbre équipe de football brésilienne s'entraîne aux techniques mentales et psychiques.

Le russe Vassili ALEXEIEV, recordman du monde des poids et haltères, dit de son côté: «Je dois d'abord maîtriser le poids en esprit, sans quoi, je ne pourrais soulever le moindre kilo.»

Et bien entendu, ces nouvelles possibilités peuvent être adaptées à la politique, à l'espionnage et à la guerre. De l'Union soviétique, pour des raisons que l'on comprend, peu de détails de cette branche de recherches filtrent à l'Ouest. On suppose que l'URSS, qui dépense annuellement des millions de roubles pour la recherche Psi, n'est guère en retard sur les USA dans ce domaine.

Le Stanford Research Institute en Californie reçoit du gouvernement américain des sommes importantes pour la recherche en matière d'événements paranormaux. Deux éminents savants, un physicien et un psychotronicien, y travaillent: Russell TARG et Harold PUTHOFF.

Lors de la visite à Stanford d'experts d'une unité spéciale de la Marine US (chargée de détecter électroniquement les fusées et les sous-marins atomiques ennemis avant qu'ils n'atteignent l'Amérique), Puthoff déclara: «Les militaires ont été épatés lorsque nous leur avons montré comment, à l'aide de la télépathie, un sujet humain pouvait détecter des objectifs militaires qui étaient hors de portée d'un ordinateur ou d'un radar.»

L'ingénieur atomicien américain Tom BEARDEN croit qu'il serait possible de déposer en territoire ennemi des bombes atomiques «munies d'un dispositif de déclenchement psychotronique, de manière à pouvoir être mises à feu par l'énergie psychique.»

Verrons-nous bientôt la lecture des pensées et l'influence télépathique sur les autres faire partie de l'équipement normal des espions? Ou est-ce déjà le cas, comme le prétend l'écrivain dissident de l'Est, Alexandre SOLENITSYNE?

Des savants russes auraient établi que les globules rouges et blancs du sang peuvent être modifiés par la transmission de pensée (télépathie). De cette manière, des individus soumis à un «bombardement psychologique» orienté, pourraient être privés de la santé et des politiciens, contrariés dans l'exercice de leurs obligations professionnelles.

Il est difficile d'établir dans quelle mesure ces communications relatives à de nouvelles psychotechniques aux mains de stratèges de la politique ou de la guerre sont à prendre au sérieux ou ne doivent être considérées que comme de grossières inventions d'amateurs de sensationnalisme. Elles nous montrent cependant clairement les forces inouïes qui peuvent sommeiller en l'homme.

Il nous reste cependant encore à établir quelles sont les conditions pour que se pratiquent avec succès la perception extra-sensorielle et la psychokinésie. Il y a trois facteurs décisifs:

1.   Un puissant désir (d'obtenir une information ou de transmettre une force).

2.   La détente (tant au point de vue corporel que spirituel).

3.   L'attente passive (de l'arrivée de l'information ou de l'effet produit).

Ces facteurs ont été établis à la suite de recherches parapsychologiques. Il faut aussi remarquer la concordance avec les techniques de toutes les plus vieilles écoles spirituelles encore connues aujourd'hui. Les recommandations du Yoga millénaire recouvrent les résultats des recherches les plus récentes (voir chapitre 5). Naturellement, il faut une certaine persévérance pour réapprendre ces techniques. D'autre part, on dispose déjà aujourd'hui de méthodes accessibles pour activer et développer les capacités parapsychiques qui sommeillent en tout homme.

Comme on l'a déjà dit, le pionnier et le précurseur en ce domaine est Milan RYZL. En tant que professeur d'université, celui-ci a pu surentraîner pendant quatorze jours cinquante volontaires choisis parmi ses étudiants les plus hautement sensibles, et ceux-ci ont pu démontrer, dans des expériences sévèrement contrôlées, leurs facultés de perception extra-sensorielle nouvellement développées. Ce chercheur, connu pour son travail méthodique et hautement responsable, et dont on a pu dire qu'il a effectué les recherches les mieux documentées sur la perception extra-sensorielle, a figuré ainsi à son corps défendant dans le *Livre Guiness des records du monde* comme «créateur de médiums» et, sous la bannière de la parapsychologie, il a fait son entrée dans la littérature populaire consacrée à ce sujet. Ce qui a indubitablement plus de poids encore, c'est la déclaration du professeur Dr Leonid WASSILIEV qui considère «la méthode de Milan RYZL pour l'activation des forces Psi comme l'un des développements les plus prometteurs de notre temps.»

Ainsi, nous le voyons: la parapsychologie nous livre des faits relatifs à des mécanismes que l'on peut aussi utiliser dans la vie de tous les jours, et comme toute autre notion scientifique, elle montre sa valeur dans les applications pratiques de la théorie. La science serait sans valeur si elle constituait seulement une fin en soi. La parapsychologie a déjà démontré son autorité de façon convaincante.

La philosophie, la psychologie, en fait, toutes les sciences spirituelles, la pédagogie, la médecine, tout ce qui appartient au domaine de la vie elle-même seront influencés par les découvertes de la parapsychologie. Rien ne demeure inchangé. La loi universelle du changement continu est également applicable ici. Le progrès qui en résulte en cette époque qui constitue un tournant nous a conduits à de nouvelles assises de l'évolution humaine, à un niveau plus élevé de la conscience humaine et à de nouvelles et fantastiques possibilités.

Résultat de la recherche parapsychologique

Il existe une «énergie atomique de l'esprit». L'important est de savoir quelle est la partie de cette force qu'on peut mettre en mouvement. C'est à cela que sert la pensée.

3. *Un regard en arrière pour progresser.*

Marco POLO, le noble Vénitien qui vivait au XIIIe siècle, fut tellement attiré par la sagesse de l'Orient que c'est seulement après vingt-quatre ans de séjour en Chine qu'il s'en libéra, et qu'il put rentrer chez lui.

Il en va de même avec la plupart des indologues. Sir John WOODROFFE servit la couronne anglaise aux Indes en occupant les plus hautes fonctions judiciaires. Il y vécut trente ans, fut juge à la Cour suprême de Calcutta et consacra chacune de ses heures de loisir à l'étude des plus vieux livres de sagesse de l'humanité sous la direction de savants pandits connaissant le sanscrit.

On ne s'explique pas pourquoi les précieuses connaissances des vieux écrits indiens étaient tombées dans l'oubli et demeuraient inutilisées. A notre époque, nous regardons vers l'Orient, car c'est là que s'amasse ce qui peut véritablement enrichir notre «riche» monde industrialisé.

Mais notre liberté occidentale est dangereuse dans une très large mesure, car elle permet à quiconque dispose d'un visa d'entrée d'ouvrir un «centre spirituel» comme gourou ou comme professeur de yoga, alors que sa sagesse n'est que relative, ou même qu'il bluffe. En outre, les méthodes du yoga reposent sur une connaissance fondamentale de l'homme selon les prescriptions fixes et immuables du *Veda* (en sanscrit, *Veda* signifie sagesse).

Les *Vedas* sont un ensemble de vieux textes indiens. A Madras, la Société théosophique en conserve soigneusement une partie dans des pièces à température contrôlée, car ils constituent aujourd'hui des trésors irremplaçables. Ces étonnantes connaissances de la sagesse indienne ont été gravées en sanscrit sur des feuilles de palmier entre 1500 et 800 avant J.-C.

Si vous désirez, pour votre progrès personnel, vous tourner vers cette vieille sagesse indienne, commencez par vous demander qui peut vous l'apprendre et vérifiez avec soin si tel ‹professeur», telle affirmation ou tel exercice vous paraissent acceptables.

Ci-après, voici quelques indications qui montrent que ce que découvre la science moderne du XXe siècle ne fait que confirmer la sagesse de l'Orient au cours des millénaires précédents.

L'ingénieur atomicien et psychotronicien américain Tom BEARDEN voit la réalité comme un produit de l'esprit. Selon la physique moderne, nous savons aujourd'hui que les éléments de fondation de la matière n'existent pas isolément mais qu'ils constituent un jeu énergétique de connexions, compliqué et vivant, dans lequel l'observateur représente le dernier maillon d'une chaîne.

Donc la matière n'existe pas sans l'homme qui l'observe. La philosophie indienne déclare que le visible n'est pas la vraie réalité, mais une représentation de l'esprit, la «Maya».

Ces notions et ces mots sanscrits particuliers, comme «Maya» et «Akasha», nous donnent l'assurance que cette sagesse existait avant que nous ne la découvrions. Sans quoi, il n'existerait pas dans la plus vieille langue du monde d'expressions bien établies correspondant au contenu de nos connaissances les plus récentes.

A cet égard, la «Communauté de recherches pour la sagesse orientale et la science occidentale», dirigée en Allemagne par le professeur Carl Friedrich von WEIZSÄCKER, est pleinement significative. Von Weizsäcker est physicien et philosophe.

Cependant, lorsque les connaissances et les découvertes de la science moderne sont utilisées de façon irresponsable et criminelle, elles peuvent véritablement mener l'humanité à la catastrophe, voire à la destruction de notre planète. Cela vaut pour les résultats et les possibilités de la physique, mais aussi pour ceux de la parapsychologie. Il faut éviter tout autant une guerre psychologique qu'une guerre atomique. Toute utilisation du progrès scientifique, profitable et utile à l'individucomme à l'humanité, suppose que des gens mûrs et conscients de leurs responsabilités y ont travaillé. Et à cet égard, nous pouvons aussi apprendre beaucoup chez les anciens Indiens, pas seulement en fonction de *ce* qu'ils disaient, mais aussi par rapport *à qui* ils s'adressaient. Les vrais maîtres spirituels ne transmettent jamais leur sagesse qu'à ceux qui sont spirituellement mûrs. C'est pourquoi il faut aussi se mettre fondamentalement en garde contre un réveil inopportun des capacités paranormales exceptionnelles. L'utilisation de la force spirituelle suppose également une maturité conforme.

La force de l'esprit, et par conséquent, la force de la pensée humaine, ne cède en rien à celle de l'atome, bien au contraire. Elle exige de nous tous une attitude pleine de responsabilité. C'est la seule façon d'éviter un mauvais usage des forces naturelles. Car de tels abus peuvent menacer des peuples entiers, voire toute l'humanité. Sur le plan personnel également, où la jalousie, la rivalité, l'ambition et d'autres tendances dévastatrices peuvent dominer les pensées, ces énergies spirituelles peuvent être utilisées à mauvais escient.

Lorsque vous tirez la conclusion que la force spirituelle n'est rien de plus qu'une force, qu'elle crée la véritable réalité, qu'elle la façonne et qu'elle est mise en mouvement par la pensée positive, alors vous savez quelle puissance se trouve à votre portée pour votre bien-être et pour celui des autres. Ce savoir contribuera à votre développement ultérieur d'une façon qui vous semblera surprenante. Il vous ouvrira automatiquement et tout naturellemnet de plus en plus de connaissances et de plus en plus de possibilités.

Phrase clé

Mettez consciemment la force spirituelle activée par votre pensée au seervice de votre bien et de celui des autres.

CHAPITRE 2:

**La recherche contemporaine confirme-t-elle
l'ancienne sagesse de l'humanité?**

1. À titre d'exemples: Einstein, Heisenberg, Planck et d'autres savants.

Avec sa tendance au développement et avec la raison, l'humanité a atteint des sommets. Mais maintenant, elle est arrivée à un certain seuil. L'évolution, le développement ultérieur et les chances d'avenir se trouvent devant une difficulté. Car «seuil» ne signifie pas une frontière infranchissable, mais simplement le besoin d'un effort particulier pour passer dans le domaine de nouvelles possibilités.

Sans qu'ils aient pu s'y attendre, les recherches des physiciens les ont entraînés en pleine mystique, au beau milieu des secrets de notre monde par rapport à Dieu.

D'un point de vue scientifique général, on ne veut pas admettre de principes plus élevés, et on conteste l'existence de la Divinité invisible. Et pourtant, les meilleurs de nos physiciens ont surmonté cet inconvénient, et ils disent librement que l'origine de la matière est un pur esprit, l'ordre souverain, Dieu. Étant donné que la physique est celle des sciences naturelles qui examine les lois de la nature au moyen de formules mathématiques et de recherches expérimentales, c'est tout de même très étonnant!

C'est tout à la louange de la science qui, par-dessus la connaissance de la matière, nous conduit à ce fait: *l'esprit est au-dessus de la matière!* À la fin du XXᵉ siècle, nous ne sommes plus dans la difficile situation dans laquelle on devait choisir entre croire aveuglément aux choses invisibles ou les rejeter. Nous savons qu'existent aussi des valeurs et des forces invisibles, car elles sont devenues calculables et mesurables.

Max PLANCK, le célèbre physicien allemand, a jeté les bases de la recherche atomique. Il a pour ainsi dire donné à l'humanité la clé de l'avènement atomique. Né en 1858, il était professeur de physique dès l880, et il travailla par la suite à la théorie des Quanta en matière d'énergie de rayonnement

Ces travaux lui valurent le prix Nobel en 19l8. Parmi les objets de ses recherches, on ne compte pas seulement l'atome, l'énergie du rayonnement, les théories de la chaleur et de l'électricité mais aussi, et ce n'est pas le moins important, l'explication philosophique des nouvelles découvertes physiques. Ce grand savant mourut en 1947. Un an plus tôt, il s'était très clairement exprimé au cours d'un congrès de savants, à Florence:

«Messieurs, en tant que physicien, mais aussi en tant qu'homme qui a servi toute sa vie la science objective, la recherche de la matière, je ne pense assurément pas qu'on puisse me tenir pour un esprit dissipé. Et je vous dis ceci, d'après mes connaissances de l'atome: il n'existe pas de matière en soi. Toute matière n'existe et ne subsiste que par une force qui fait vibrer les particules atomiques. Comme il n'existe dans tout l'univers ni une force intelligente ni une force éternelle, nous devons donc admettre que derrière cette force, il y a un esprit conscient et intelligent.

Cet esprit est l'origine de toute matière. Ce n'est pas la matière visible mais passagère qui constitue le Réel, le Vrai, l'Authentique : Le Vrai, c'est l'esprit invisible et immortel. Comme il ne peut également pas y avoir d'esprit en soi, mais que chaque esprit appartient à un être, nous sommes contraints d'accepter l'existence d'êtres spirituels.

Mais comme des êtres spirituels ne peuvent pas exister en eux-mêmes, mais qu'ils ont dû être créés, je ne crains pas de nommer ce Créateur mystérieux comme l'ont nommé tous les peuples civilisés de la Terre depuis des millénaires : *Dieu !*»

Sir Arthur EDDINGTON, astronome et physicien britannique (1882-1944) s'est rendu célèbre par ses recherches sur la structure des étoiles et il s'est révélé comme l'un des premiers en ce qui concerne la théorie de la relativité générale qu'il a également établie par des expériences. C'est de lui que vient cette sentence :

«En physique, nous considérons le drame de la Vie comme un jeu d'ombres. La substance du monde est la substance de l'esprit.»

Albert EINSTEIN, qui a établi la théorie de la relativité générale, né à Ulm en 1879, fut nommé professeur à Zurich en 1909. Il obtint le prix Nobel de physique en 1921 pour sa contribution à la théorie des Quanta. Il est mort en 1955 à Princetown, aux États-Unis.

Que ses théories — longtemps combattues — se soient réalisées se démontrent largement par les explosions des armes atomiques. Ses recherches amenèrent à abandonner la notion de «temps absolu» et d'«espace absolu». Sa découverte, qui devait donner naissance à une ère nouvelle, s'exprime ainsi:« *La matière est un état déterminé de l'énergie.* »

On peut y voir un mécanisme créateur. Il est devenu clair que la représentation que se font de la matière beaucoup de gens est insuffisante. C'est ainsi également que Max PLANCK en est venu à considérer qu'une force spirituelle semble être à l'origine de l'énergie et de la matière.

Le «super-cerveau d'une époque» comme on a appelé Albert Einstein, a livré à la postérité cette dernière découverte de son existence:

«Le sentiment le plus profond et le plus sublime dont nous soyons capables est l'expérience mystique. La mystique est la théorie des secrets du monde. En nous y plongeant, nous cherchons le contact direct avec Dieu. De lui seul émane la véritable science. Celui à qui ce sentiment est étranger, qui n'est plus capable d'admirer ou de se perdre dans la vénération, celui-là est déjà moralement mort. C'est pourquoi, savoir que l'inconnaissable existe vraiment et qu'il se manifeste comme la plus haute vérité et comme la plus rayonnante beauté dont nous ne pouvons avoir qu'une grossière notion, ce savoir et cette notion constituent le noyau de toutes les religions.

L'événement cosmique de la religion est le mobile le plus fort et le plus noble de la recherche en matière de sciences naturelles. (On ne considère pas ici la religion comme une appartenance confessionnelle au christianisme, au judaïsme, à l'Islam, etc..., mais dans le sens de «relegere», le retour aux liens avec Dieu.)

Ma religion consiste à adorer humblement un être spirituel infini, de nature supérieure, qui se manifeste même dans les plus petites unités que nous pouvons percevoir au moyen de nos faibles sens. Cette profonde conviction que je ressens de *l'existence d'une force mentale supérieure qui se manifeste dans l'Univers insondable forme le contenu de ma représentation de Dieu.*»

La réponse d'Einstein au télégramme d'un rabbin témoigne aussi d'un point de vue métaphysique, c'est-à-dire d'un point de vue philosophique qui dépasse la physique jusqu'aux derniers fondements et aux derniers rapports de l'Être. Le télégramme du rabbin disait: «Croyez-vous en Dieu? Stop. Réponse payée 50 mots.»

Voici la réponse d'Einstein: «Je crois au Dieu de Spinoza qui se manifeste dans l'harmonie de tout ce qui existe.» Baruch de SPINOZA était un philosophe du 17e siècle dont Goethe disait que les jugements avaient laissé leur empreinte sur son être et sur son œuvre.

Werner HEISENBERG, un autre grand physicien, dont l'oeuvre est indissolublement liée à la recherche atomique, est né en 1901 à Würzburg et il est mort en 1976 à Munich. À l'âge de 26 ans, il fut nommé professeur de physique théorique à l'Université de Leipzig. Sa théorie des relations d'incertitude repose sur le fait que certains aspects qui appartiennent au domaine du développement atomique ne peuvent être saisis que de façon «imprécise» parce que les conditions d'observation influencent l'événement observé.

Cet éminent savant, qui est renommé dans le monde entier, et qui a apporté la démonstration de l'Imprécision ultime, s'est déclaré convaincu que derrière toutes les énigmes physiques on trouve un «Ordre mental». Cet ordre central représentait sa notion de

Dieu. Il avait imaginé une «Théorie unitaire de la matière» par laquelle il cherchait à démontrer l'existence d'un ordre divin derrière toute chose. Heisenberg lui-même n'a jamais douté de la valeur de sa théorie.

«Au cours de ma longue vie, déclarait-il, j'ai parcouru de nombreux chemins dans la science, et j'en ai trouvé un: *Dieu*.»

Aussi, lorsqu'on parle aujourd'hui de physique, il est bon de se demander à quelles conclusions sont arrivés les grands physiciens de notre temps:

1. MEDDINGTON: «La substance du monde est la substance de l'esprit.»

2. EINSTEIN: «L'existence d'une puissance mentale supérieure.»

3. HEISENBERG: «L'Ordre central — Dieu.»

4. PLANCK: «Origine de toute matière — Esprit, Dieu.»

Ainsi, nous voyons également que les conceptions d'ANAXAGORAS, qui vécut de 500 à 428 avant J.-C., et d'autres philosophes de la Grèce antique, n'étaient pas tellement inexactes. Dans son ouvrage *De la nature*, Anaxagoras défendait la conception du dualisme (bipolarité, opposition)), la dualité de l'énergie et de la matière. Il voyait le monde comme un chaos de diverses composantes originelles dans lequel l'esprit de l'Univers, la raison de l'Univers, apportaient un ordre créateur, mettant en mouvement les composantes originelles, ce qui entraînait le développement de formes organiques. Selon sa conception, cet esprit de l'Univers était contenu dans la matière sans toutefois se mêler à elle.

Cependant, les plus vieux écrits du monde, les anciens *Vedas* indiens, le disent encore beaucoup plus clairement. Voici ce qu'on y lit:

«L'Esprit originel absolu provoque en lui-même des mouvements d'énergie qui rendent visibles les formes matérielles.»

Cet ordre créé par un esprit cosmique, par une énergie cosmique, existe évidemment, mais il n'est pas entièrement perceptible pour la raison humaine. Car cet ordre est une partie de l'«Absolu». Chaque homme est en réalité une représentation, mais en même temps un être unique qui lui est extérieur. Même dans la recherche la plus minutieuse se manifestera une certaine «relation d'incertitude» (Heisenberg). Car l'homme n'est pas lui-même l'«Absolu», mais seulement l'observateur. Ce n'est que d'un point de vue extérieur que l'homme peut observer et étudier l'«Absolu». De sorte que la relation d'incertitude demeurera un fait pour l'observateur. Mais cela ne change rien, et cela ne compromet pas l'ordre fondamental concomitant. Le chaos n'est qu'une partie de ce grand ordre.

Les savants du XXe siècle ont fait des recherches, et ils continuent, et chaque objectif atteint a été et sera nécessairement le point de départ de recherches nouvelles. Car nous découvrons en effet que les nouvelles connaissances reposent sur des normes jusqu'alors inconnues. Pour les découvrir et pour les démontrer, le jeu recommence chaque fois au départ et se termine à nouveau par la découverte d'un ordre supérieur qui était demeuré inconnu jusqu'alors.

L'homme ne pourra pas déchiffrer l'Absolu derrière chaque existence tant qu'il s'en trouve séparé en tant qu'homme. À la limite de l'entendement de l'humanité d'aujourd'hui, les grands savants parlent de «l'origine de l'Être», d'un «Ordre central», et ils l'appellent: «*Dieu*». Il n'existe pas de meilleur mot

47

pour ce que nous apprennent les plus importantes expériences physiques, métaphysiques, philosophiques, mentales, émotionnelles et spirituelles.

Lorsque, plus loin, je parlerai de «Dieu», c'est dans ce sens qu'il faut le comprendre. Cette notion de Dieu correspond à ce que j'imagine de façon très claire, et elle est tout à fait confirmée par les expériences et les découvertes des savants cités ainsi que d'autres savants de renommée mondiale.

Récapitulons: L'origine de toute matière est une énergie spirituelle absolue. Elle est rendue visible par le mouvement, par la mise en oeuvre des processus énergétiques. Il s'agit là d'un fait physique. Le Dieu invisible est représenté par la nature visible.

«Toute la création est faite des pensées de Dieu» dit la philosophie hindoue. Le même mécanisme agit également sur le plan humain: *le monde, les expériences de la vie de l'individu sont également ses pensées devenues visibles.*

Il y a des forces énergétiques qui ont créé le cosmos et qui le façonnent. Les pensées de l'homme sont également une énergie de ce genre. Elles peuvent aussi entraîner des actions créatrices. C'est la même loi qui agit dans une moindre mesure.

Mais à quoi sert cette énumération des connaissances physiques et mystiques dans la recherche de la notion de Dieu? Cela peut-il ajouter quelque chose au thème et à l'apprentissage de la pensée positive? Oui.

C'est précisément la plus objective des sciences naturelles, la physique, qui nous fait comprendre que tout ce qui existe nous ramène à ce que nous appelons Dieu, y compris les énergies psychiques. Et cette Psi-énergie, dont le professeur Léonid WASSILIEV a dit qu'elle allait acquérir la même importance que l'énergie atomique, peut se déclencher dans divers secteurs d'application.

Pourquoi ces forces sont-elles mises en mouvement avec notre pensée, et pourquoi ne pouvons-nous exclure la notion de Dieu? Ce sont des questions que nous examinerons plus loin en détail.

NOTION PROVISOIRE

Les sciences naturelles n'exluent pas l'énergie cosmique comme manifestation divine. Moi, comme homme, je possède une force spirituelle qui est une part de cette énergie divine. En vertu de ma raison, j'ai la possibilité de me servir de cette énergie et d'agir créativement pour mon Univers.

2. Au commencement était le Verbe...

La reconnaissance et l'existence de l'esprit comme énergie cosmique ou comme ce que nous appelons Dieu vont bien au-delà des liens confessionnels.

Beaucoup de messages et de témoignages des écritures sacrées de différents peuples disent la même chose. L'homme d'aujourd'hui les accepte comme des histoires ésotériques et allégoriques sans valeur particulière. Qui voit en elles des affirmations qui peuvent devenir pour lui des notions aptes à modifier toute son existence, à l'approfondir et à l'améliorer?

On veut bien admettre qu'«il y a quelque chose» derrière tout cela, mais ce que l'on accepte c'est l'image, pas le sens. Et pourtant, certains savent (mais en général, on ne le sait pas) que beaucoup de témoignages de ces écrits sacrés représentent vraiment la description de vérités scientifiques.

Des citations de la *Bible* de notre civilisation chrétienne et des *Vedas* de l'Inde peuvent illustrer ce point de vue. On retrouve des textes identiques ou semblables dans plusieurs cultures religieuses.

La science moderne nous a appris que:

• Tout ce qui est visible (matière) est énergie (force fondamentale de toutes choses).

• L'énergie est à la base de l'esprit.

• L'esprit est la représentation de l'Absolu unique, c'est-à-dire de Dieu.

L'homme se trouve ainsi devant une réalité qu'il ne peut plus atteindre.

Quiconque s'intéresse aux lois de la physique atomique sait que l'oscillation électromagnétique est une forme apparente des unités subatomiques de la matière.

C'est pourquoi nous ne pouvons qu'admirer avec étonnement l'énorme savoir contenu dans ce texte des anciens *Vedas*:

«De l'OM (l'oscillation divine) naissent Kala (le temps), Descha (l'espace) et Anu (l'atome).»

Cette forme d'expression de la sagesse de l'Inde montre clairement que l'on avait déjà une connaissance concrète de l'atome mille ans avant J.-C. (la similitude des dominations Anu = Atome n'est-elle pas également surprenante?)

Om signifie le Verbe. Ce symbole oscillatoire représente la valeur symbolique de l'ensemble de la création divine devenue visible. Une très ancienne formule de prière sanscrite commence ainsi: «Om bhur bhava svaha…» ce qui signifie: Salut au Verbe qui est présent dans les trois sphères de l'existence.

Dans le monde spirituel chrétien, Om correspond à Amen. Au cours de notre éducation religieuse, nous sommes amenés à apprendre beaucoup de choses par coeur sans nous demander ce qu'elles signifient vraiment. Si nous prenons en considération ce qui a été dit jusqu'à présent, je pense qu'il sera relativement clair que l'éducation religieuse, soutenue par la physique et la philosophie, peut donner à l'homme des éclaircissements sur ce qu'on trouve, par exemple, dans l'Apocalypse, chapitre 3, verset 14: «Ainsi parle l'Amen, le Témoin fidèle et vrai, le principe des oeuvres de Dieu.» Et l'Évangile selon saint Jean, chapitre premier, verset 1, nous dit: «Au commencement était le Verbe, et le Verbe était en Dieu, et le Verbe était Dieu.»

L'Évangile selon saint Jean avait, à l'origine, été écrit en grec, et dans ce texte, on trouve le mot «logos». La source historique à laquelle on rattache cette formulation est l'école philosophique des stoïques de la Grèce antique. Leur théorie connaissait le monothéisme, la théorie d'un seul Dieu. Conformément à cette représentation d'un Dieu unique, ils avaient choisi le mot «logos» parmi les mots (pleins de sens) du grec ancien pour désigner la parole de Dieu et par lequel on doit aussi bien comprendre la raison du monde que tout simplement Dieu.

Dans l'Évangile selon saint Jean, Jésus-Christ est le Verbe incarné, un esprit plein de raison (chapitre 1, verset 14): «Et le Verbe s'est fait chair…» Dans un sens dérivé, cette sentence dit aussi: L'énergie peut devenir matière, ou, dans une formulation plus rpécise: L'énergie peut apparaître comme la matière.

Ainsi, de toutes les sciences, la physique est la plus désignée pour confirmer les résultats de la parapsychologie et même de dévoiler la puissance de l'esprit à l'homme incapable de croire.

Par des approches complètement divergentes, on est arrivé à des résultats très semblables:

• Formulation de la physique: «De l'énergie naît la matière.»

• Formulation philosophico-religieuse: «L'énergie spirituelle divine est rendue visible par l'oscillation.»

• Le texte chrétien de la Bible: «Le Verbe s'est fait chair...»

• La formulation des sciences spirituelles et de la psychologie: «La force spirituelle est activée par la pensée. Notre pensée est créatrice.»

CONCLUSION FINALE:

Reconnaissez la nature spirituelle de toute la création. Reconnaissez la vérité qui rend libre. L'homme n'est pas seulement entravé et faible, mais il est en même temps libre et fort. Il peut construire créativement son avenir, car sa pensée est créatrice.

CHAPITRE 3:

Comment fonctionne la pensée positive, et pourquoi?

1. L'énergie et la pensée

Un spécialiste américain du cerveau, le professeur José DELGADO a donné en 1965 un très curieux spectacle dans les arènes de Cordoue. Il avait implanté deux petits électrodes dans le cerveau d'un taureau. Au moyen d'un émetteur d'impulsions sans fil, il commandait tour à tour à l'animal l'attaque ou la fuite. Le professeur se tenait tranquillement au milieu de l'arène, et il laissait le taureau foncer sur lui. Au moment où le danger était tout proche, il poussait sur de petits boutons : le taureau s'arrêtait sur place, frappait le sol de ses sabots, se retournait et s'éloignait.

L'homme peut lui-même se donner de pareilles impulsions électriques, au moyen de sa pensée. Cette méthode de traitement autogène est connue dans le monde occidental. Par cette technique, un nombre incalculable de gens ont obtenu, par une pensée orientée, ce quils n'avaient souvent pas pu réussir en prenant des médicaments pendant de longues années. À vrai dire, l'entraînement autogène appartient à la médecine expérimentale. On appelle ainsi des traitements qui, jusqu'à présent, ne peuvent pas encore être considérés comme parfaitement scientifiques. Mais les résultats sont là, et ils parlent d'eux-mêmes.

Cela vaut par exemple aussi en ce qui concerne la régularité des battements cardiaques. Avant de se faire placer un «pace-maker», on devrait essayer de voir si on ne peut pas provoquer par la seule puissance de sa pensée les impulsions électriques fournies par le petit appareil qu'on vous implante. L'essai permettra d'en décider. La technique d'implantation dans la cage thoracique (qui constitue une importante opération) ne devrait être utilisée que lorsqu'on ne peut faire autrement. En tout état de cause, les pensées sont également des impulsions électriques.

J'ai entendu un physicien formuler les choses comme ceci: «La bio-énergie du corps humain peut servir de transmetteur d'informations.» Par cette bio-énergie, les impulsions électriques de notre pensée peuvent donner au coeur (exactement au plexus cardiaque) les informations qui assurent des battements réguliers et immuables — ni trop lents, ni trop rapides.

Le docteur Raimund BRIX a effectué en 1978, à la Clinique universitaire de Vienne, une étude intéressante. Il avait mesuré l'activité électrique du cerveau dans la mémoire optique et acoustique au moyen de l'électroencéphalographie. Grâce à ce procédé, l'activité énergétique du cerveau, détournée de la boîte crânienne, avait pu être inscrite dans l'électro-encéphalogramme en utilisant un amplificateur et un système d'enregistrement appropriés.

Les personnes sur qui les tests étaient effectués se souvenaient d'images ou de sons musicaux perçus antérieurement. Ce qu'ils se représentaient dégageait des énergies mesurables. De plus, on put établir des différences mesurables entre la mémoire acoustique et la mémoire optique et cela, relativement à l'intensité de la concentration: celle-ci établissait un lien avec les mesures: c'est-à-dire que plus la concentration était forte, plus les signaux étaient clairs parce qu'il en résultait un plus grand déploiement d'énergie. Dès qu'une image devient assez forte, le potentiel imaginatif s'inscrit dans l'électroencéphalogramme.

Cela signifie que plus l'image est forte et claire, plus intensif est le déploiement d'énergie. Les images peuvent donner lieu à des mesures efficaces en raison de la concentration, en se rassemblant sur un centre d'intérêt, sur un objectif auquel on pense ou que l'on imagine.

Une concentration accrue libère une énergie accrue. Une énergie accrue augmente, pour l'homme, la possibilité de réaliser ce qu'il se représente, ce qu'il pense.

Retenons les notions déjà acquises jusqu'à présent. La recherche scientifique énonce que l'énergie en mouvement peut se manifester sous des formes matérielles (la formule d'EINSTEIN: $E = mc^2$). L'ancienne philosophie religieuse de l'Inde énonce: «Toute la création est faite des pensées de Dieu.»

Comme notion complémentaire, retenons celle-ci: Les pensées de l'homme sont des impulsions électriques. Ce sont des processus énergétiques. Ses pensées sont les causes créatrices des réalisations de son existence.

Nous ne devons pas nous étonner et nous ne devons pas être déçus de ce qui est. Chacun l'a déjà «imaginé» lui-même auparavant. Mais nous ne savons ni comment ni quand. Car nous n'avons pas encore appris à penser de manière contrôlée. Les savants nous ont ouvert une nouvelle dimension de la conscience. Plus lourd de conséquences encore est le savoir relatif à la puissance de la pensée. Celui-ci introduit une nouvelle ère dans l'histoire de l'humanité.

De tout temps, il y a eu des hommes qui, sans en être conscients (c'est pourquoi, le plus souvent, dans des circonstances spéciales), ont pratiqué cette science qui repose sur des normes spirituelles: des hommes d'État, des inventeurs, des artistes, des sportifs.

On dit du suédois Björn BORG que son rêve a toujours étéde devenir le plus grand champion de tennis de tous les temps. Et il le confirme: «Je me le suis juré quand je n'avais encore que 12 ans.»

À vingt ans, il remporta sa première victoire à Wimbledon, la Mecque du tennis, et en 1980 il remporta sa cinquième victoire consécutive. Cela ne s'était encore jamais produit. Sa réussite n'est pas un hasard: toutes sespensées et tous les actes qui en découlaient avaient été dirigés vers cet objectif.

Chaque homme «imagine» son avenir. Qu'il le sache ou non, c'est ainsi. Cela vaut pour le succès, la santé, l'amour, et aussi pour toutes les expériences défavorables comme les déceptions, les maladies, les dissensions et les échecs.

Que l'homme soit prêt à subir les coups du destin, ou que ceux-ci l'«achèvent» dépend de ses pensées. Le contenu de ses pensées est responsable de tout ce qui lui arrive dans l'existence, que ce soit en bien ou en mal.

Il s'agit de penser *avec contrôle*, et lorsqu'on a acquis la bonne manière, de penser *en fonction d'un but* et *en se concentrant*. Le flux énergétique de la pensée engendre les causes, l'existence visible reflète les effets. «Imaginez» votre santé, la solution de vos problèmes personnels, le succès de vos entreprises, les joies de tous les jours, et faites-le de façon psitive, c'est-à-dire avec la ferme conviction du succès.

La puissance créatrice de la pensée agit dans l'existence si on s'en sert de façon contrôlée, orientée, concentrée et décontractée.

2. L'énergie et les cellules du corps

Le docteur Harold Saxton BURR a consacré toute sa puissance de travail, au cours de son existence à l'étude de l'activité bio-électrique dans le corps humain. La dernière des nombreuses publications consacrées au résultat de ses recherches a paru en 1972 sous le titre: *Blueprint for Immortality, thr Electric Patterns of Life* (Editions Neville Spearman Ltd, Londres). Le choix du sous-titre, «le modèle électrique de la vie», exprime un condensé de ses connaissances selon lesquelles les ondes électriques sont les principes d'excitation de la vie. Il disait: «La connaissance et l'emploi du potentiel électrique d'un système vivant constitueront une part importante de la science de l'âge nouveau.»

Il avait certainement raison, car l'humanité se trouve à un tournant fondamental: l'homme commmence à comprendre qu'il n'est pas séparé de l'Univers, mais qu'il en constitue une partie. Les lois selon lesquelles celui-ci existe sont valables et s'appliquent aussi à lui. L'homme n'est pas un hasard! C'est une partie intégrante du cosmos, une partie d'un ordre immuable. La désignation de l'esprit comme «le Verbe» a été de tout temps une tentative de représenter quelque chose que nous reconnaissons dans un champ d'énergie causal et omniprésent. La situation électrodynamique du corps humain constitue une partie de ce champ énergétique. Les mesures électroniques ont montré qu'une chose aussi minuscule que, par exemple, un oeuf de grenouille, possède son propre champ électrique, exactement comme l'ensemble de l'Univers.

Ce potentiel électromagnétique est partout présent. Après l'invention des instruments électroniques, on a pu démontrer, sur la base de mesures précises, que l'homme et toutes les formes vivantes sont formés et contrôlés par des processus bio-électrodynamiques. Chacune des cellules du corps a son propre contenu énergétique. Elles connaissent leur mission de façon précise et elles peuvent transmettre des informations à leurs cellules-soeurs ou à d'autres endroits du corps.

Le savant allemand Dr Fritz POPP exprime ceci de façon très claire lorsqu'il dit: «La maladie, c'est lorsque les cellules ne parlent plus entre elles.» C'est grâce au champ énergétique que cette «discussion commune» est rendue possible. De plus, la bio-énergie est celle qui transporte l'information. Ce «réseau téléphonique» ne fonctionne que par elle.

Ceci n'est donc possible qu'en raison du fondement électrodynamique du corps. La manière dont des trillions de cellules du corps envoient et reçoivent des informations par leur système radio est fantastique. Ce système de communications est encore plus formidable que les systèmes nerveux ou hormonal. La démonstration en a été longtemps très difficile parce que les énergies ne sont pas liées à des moyens de transmission. Mais on a appris entre-temps, surtout grâce aux recherches du Dr. F. POPP que:

1.   Des rayons à ondes courtes dans la gamme des ultra-violets donnent surtout des informations intra-cellulaires.

2. les photons à ondes longues de la gamme des infra-rouges agissent comme ondes porteuses pour la communication entre les cellules.

3. Les photons cohérents à ondes très longues transmettent surtout les messages entre les organes et leurs connexions. On présume que les ondes du cerveau en font partie.

L'électrocardiogramme, universellement connu aujourd'hui, et l'électroencéphalogramme, ne sont jamais en contact, pendant les mesures, avec les tissus à analyser, le coeur ou le cerveau. Les électrodes sont fixés sur la surface du corps. Et pourtant, il est possible d'effectuer les mesures parce que les propriétés électroniques du tissu se trouvent en contact mutuel à travers un champ électrique prédominant.

On retrouve la même chose dans le diagnostic de maladies plus graves. Le docteur Louis LANGMANN, de l'Université de New York, a effectué des mesures expérimentales auprès de 1000 femmes dans le service gynécologique de l'Hôpital Bellevue. Parmi 102 patientes, présumées cancéreuses, le rapport fut confirmé dans le nombre exceptionnellement élevé de 95 cas.

D'après des informations récentes venues d'URSS, le biophysicien Victor INIOUSCHINE estime qu'avant 1985 on arrivera au dépistage précoce du cancer dès que la première cellule sera atteinte.

Des savants russes avaient déjà établi dès le début de ce siècle le «rayonnement propre des cellules». Sur la base de cette découverte, on peut, aujourd'hui, représenter photographiquement diverses sortes de cancers — et avec cent pour cent d'exactitude, comme l'affirme le Dr Iniouschine. Cette méthode repose sur le rayonnement énergétique des cellules du corps.

Une théorie électrodynamique de toute vie a été étudiée par le Dr Harold Saxton BURR et ses collaborateurs de l'Université de Yale. Mais ce n'est que dans les tout derniers temps que la recherche en ce domaine a été poursuivie de façon intensive. De toute manière, des phénomènes électriques sont à l'origine de la naissance, de la croissance, de la conservation et de la guérison, bref, de tous les processus biologiques. Là où il y a vie, on trouve des propriétés électriques.

Des médecins et des guérisseurs progressistes ont obtenu des succès considérables avec les appareils électro-médicaux qui se sont développés jusqu'à présent. Ils sont utilisés en thérapeutique pour renforcer un diagnostic, pour stabiliser et pour harmoniser l'équipement énergétique des cellules. En tout état de cause, ce développement, qui a fait un pas de plus que la médecine actuelle vers le foyer des causes de la maladie, n'en est qu'à ses débuts. C'est pourquoi, ses possibilités d'application et ses réussites sont encore limitées. Si on veut développer l'électrothérapie à sa pleine valeur et lui faire acquérir son importance, la recherche seule ne suffira pas. Il y faudra aussi la conscience, la pensée d'une nouvelle époque.

On a dû se livrer à des recherches nombreuses, fastidieuses, coûteuses et longues jusqu'à ce que la théorie d'Albert Einstein, selon laquelle la matière n'est qu'une forme visible de l'énergie, ait été démontrée. Il fut tout aussi difficile d'établir la démonstration que *chaque cellule du corps vit d'après une norme énergétique et que cette énergie est le vecteur de son intelligence.*

Oui, chaque cellule de votre corps est intelligente. Elle sait ce qu'elle doit faire. Elle connaît sa mission vitale, par exemple, sa fonction comme cellule du foie.

Bien entendu, elle ne connaît que ça. Et la cellule du muscle, à son tour, ne connaît qu'sa vocation de cellule du muscle.

Cette intelligence des cellules dépend de leur état bio-énergétique. Cette énergie vitale, l'homme l'active dans une très large mesure par la respiration. La respiration maintient l'équilibre électrique du corps, sans lequel aucune vie n'existe.

La course de fond, par exemple, exige une respiration particulièrement intense. Ainsi, on prend une grande quantité d'oxygène qui pénètre tout le corps grâce à une circulation stimulée. Les organes, par exemple, le coeur et les muscles jusqu'au bout du gros orteil, sont admirablement irrigués et chargés d'oxygène. Un accroissement de la quantité d'oxygène renforce toute résistance, que ce soit contre l'infarctus du myocarde ou contre le cancer. Et en même temps, grâce à cette respiration stimulée, le potentiel énergétique de chacune des cellules fortement irriguées est amélioré. Ce facteur se manifeste dans les faits par la défense contre les maladies. Sans son puissant état énergétique normal, la cellule ne pourrait utiliser convenablement l'oxygène. Il ne suffit pas que celui-ci soit à sa disposition. Il doit être aussi exploité.

La course de fond stimule forcément ces processus. Mais on peut arriver au même résultat par une respiration puissante et intensive gouvernée par la pensée. La pensée, en tant que processus énergétique, a une énorme influence sur la respiration. Celle-ci est fortement revalorisée par la pensée. Par la pensée, la respiration devient une prise consciente d'énergie vitale, et elle peut être utilisée dans un but bien défini. Le champ énergétique du corps est conservé, amélioré, renouvelé par la respiration et la pensée. Cela représente la santé.

Les exercices respiratoires sont bien plus importants qu'on ne le croit communément. Ils ne représentent pas seulement une assistance thérapeutique pour les asthmatiques et les bronchiteux. Aucune vie, pas même celle d'une seule des soixante trillions de cellules du corps, ne peut se maintenir sans respiration.

Ce n'est pas seulement vrai à cause de l'oxygène, mais aussi, dans une mesure toute spéciale, par rapport à l'énergie vitale. Les résultats obtenus dans des cas de dépressions par une respiration consciente sont surprenants. Son action sur le système hormonal et sur le système nerveux végétatif est imédiate.

Même si une autre maladie vous tourmente, vous devriez vous appliquer à faire des exercices respiratoires. Revalorisez votre respiration à l'aide de pensées orientées et ramenez constamment par la pensée l'énergie que vous avez emagasinée en respirant vers les endroits malades du corps.

L'exercice qui suit pourra vous y aider.

EXERCICE

Fermez les yeux, abandonnez-vous entièrement à la concentration. Les yeux fermés, représentez-vous, par exemple, l'estomac. Respirez profondément et calmement, et pensez:
• En inspirant: je respire les forces vitales absolues.
• En expirant: les forces vitales coulent jusqu'à mon estomac. Je suis en bonne santé.

Et cela mènerait à la guérison? Seulement un peu de respiration? Comment est-ce possible?

La pensée en tant qu'événement énergétique est en relation avec le champ bioénergétique du corps. Il en va de même de la respiration. Ces trois facteurs — champ bioénergétique, respiration, pensée — ont entre eux des corrélations. C'est pourquoi, la pensée orientée vers la guérison pendant qu'on respire peut constituer le meilleur soutien d'un traitement. C'est la formule magique d'une bonne santé.

Malheureusement, ce savoir est encore à ses tout débuts, et l'homme d'aujourd'hui n'est pas encore au fait de ces techniques. Cependant, chacun peut en éprouver les effets sur lui, encouragé par ceux qui ont appris à connaître l'effet curatif d'une pensée et d'une respiration orientées vers un objectif. La médecine d'aujourd'hui ne manquera pas d'être renouvelée et révolutionnée par les découvertes d'autres branches de la science. On en connaît déjà beaucoup sur les processus chimiques qui se produisent dans le corps. Presque tous les profanes savent que la santé dépend d'un métabolisme qui fonctionne de manière ordonnée. Le métabolisme, c'est la transformation de la nourriture en tissu corporel, par exemple de la tarte en graisse aux hanches. Cependant, il dépend de l'état énergétique du corps que cela se produise, et comment cela se produit. On admet que les lois de la physique sont au-dessus de celles de la chimie. La science naturelle a appris entre-temps que toute la chimie doit se comprendre sur la base des principes de la physique, et cela également dans les processus du corps humain.

Cela signifie que tous les événements cellulaires, humoraux, nerveux et hormonaux dépendent de processus bio-électromagnétiques. Car c'est de là que viennent les informations. La médecine et la biophysique effectuent conjointement des recherches dans ce domaine, et il faudra bien qu'un jour, ces connaissances soient universellement acceptées.

Pour nous tous, l'électricité dont nous disposons est une notion qui va de soi, quoique nous ne la voyions pas et que, jusqu'à présent, on n'a aucune explication satisfaisante du phénomène. Conduite par un fil, elle n'a été rendue visible que par l'éclairage d'une lampe. À cause de cette propriété d'invisibilité, la science a eu beaucoup de mal à étudier la bioélectricité. Pour y arriver, il fallait des appareils et des méthodes de mesure tout à fait particuliers permettant d'apporter la preuve que l'ordre et la stabilité du potentiel énergétique sont une condition préalable de la santé du corps physique.

Lorsque le champ électromagnétique est troublé, un mauvais fonctionnement se produit et, un peu plus tard, la maladie devient décelable et visible. Les médicaments et la chimie n'y peuvent rien, car ils ne peuvent pas supprimer le trouble dans le champ électromagnétique concerné. (C'est là-dessus que se fonde le mécanisme de fonctionnement de l'acupuncture chinoise.)

Ces connaissances scientifiques ne devraient-elles pas nous exhorter à faire agir l'énergie de nos pensées sur l'énergie du corps? Celui qui le fait met en œuvre des normes naturelles, et le succès lui est assuré, alors que celui qui ne connaît pas ce principe ou qui ne l'applique pas laisse inutilisées des possibilités inouïes.

Le potentiel électrique de la bio-énergie comme base de l'activité corporelle doit être influencé par les impulsions électriques de la pensée, par la Psi-énergie. Un temps viendra assurément où la pensée positive orientée agira comme le «médicament» le plus efficace et de plus, il s'agit d'un remède qui n'a pas de fâcheux effets secondaires.

NOUS SAVONS QUE:

La plus importante condition de la santé est l'équilibre du champ électromagnétique vital du corps humain. En vertu de normes physiques, nous pouvons agir sur lui par la pensée et la respiration.

À partir d'aujourd'hui, votre pensée positive sera: «Je pense à être en bonne santé!»

3. Les correspondances entre l'esprit, l'âme et le corps.

D'après ce qui a été dit antérieurement, nous avons dégagé les faits suivants:

1. L'état du corps dépend du champ énergétique.

2. La pensée est un processus énergétique et elle met en branle des processus énergétiques.

Cependant, l'homme n'est pas seulement fait d'un corps. C'est une unité faite d'un corps, d'un esprit et d'une âme. D'où viennent ses pensées? Et qu'en est-il de ses sentiments? L'homme peut-il également agir de façon contrôlée et régulatrice sur ses sentiments? Si c'est possible, alors cette connaissance franchit beaucoup de frontières et de limites auxquelles notre être semble soumis. L'homme devient libre, «l'égal des dieux».

Pourquoi commettons-nous tant de fautes dans notre existence? Pourquoi ne demeurons-nous pas forts et tranquilles quand les tempêtes de la vie nous assaillent? Pourquoi hurlons-nous contre elles avec impuissance, ce qui ne fait que nous épuiser? Cette révolte nous est-elle utile? Elle offre seulement à la tempête la possibilité de nous briser. Savoir à quel moment il est intelligent de faire un pas en arrière, c'est tout l'art de l'existence. Comment peut-on l'apprendre?

Nous devons apprendre à connaître qui nous sommes, ce que signifie le fait d'être homme. À notre époque, aucun système éducatif n'a commencé à nous l'apprendre. Au cours des millénaires passés, il était interdit, sous peine de mort, aux quelques «élus» qui le découvraient dans des écoles secrètes de transmettre leur savoir aux autres. Et aujourd'hui? Pourquoi nos écoles se taisent-elles à ce sujet? Ne faudrait-il pas que cette science soit communiquée d'urgence à toute l'humanité?

Il est vrai qu'il existe un grand nombre de livres de conseils pratiques. Ils nous apprennent comment vivre heureux, comment atteindre la richesse ou comment surmonter ses soucis. Mais dans la plupart des cas, cela revient à dire: fais ceci, ne fais pas cela! Parmi ce genre de livres, il y en a peu qui traitent de la réalité de l'être humain.

Pourtant, ce n'est qu'en connaissant la vérité sur l'être et l'essence de l'homme qu'on puise à la source «indispensable» de la puissance qui permet de maîtriser son existence. Cela ouvre des possibilités insoupçonnées et stimule les forces.

Reconnaître le corps, l'âme et l'esprit comme une unité nous aide également. Si nous nous représentons le corps comme de l'énergie, la pensée comme des impulsions électriques et les émotions également, on comprendra que les pensées tout comme les sentiments agissent sur le corps. Cette action sera destructrice ou novatrice selon le contenu des pensées ou le genre de sentiments.

Voici une citation du Dr Harold Saxton BURR: «Les psychiatres de l'avenir mesureront en millivolts l'intensité des soucis, des colères, de l'amour, de la haine.» Ce ne sont pas seulement les pensées mais aussi les sentiments qui influencent le champ électrique de l'homme. *Des sentiments destructeurs provoquent des perturbations, des sentiments constructifs entraînent une harmonisation de même qu'un renforcement et un assainissement corporel et spirituel.*

Les tensions de l'âme peuvent perturber un homme au point de provoquer un mauvais fonctionnement des systèmes nerveux et hormonal. On doit compter parmi elles ce que nous appelons le stress moral: la perte d'un être cher, l'infidélité du conjoint, le complexe d'infériorité, le manque de réussites, les espoirs non réalisés, l'explosion de sentiments excessifs, et bien d'autres phénomènes encore.

Cependant, toute forme de stress, même celle qui résulte du manque de temps et du surmenage, commence dans la vie affective et dans la conscience de l'homme. Les impulsions qui en sortent excitent l'hypothalamus (un centre nerveux à la base du cerveau). De là, le mécanisme chimique régulateur est mis en mouvement, comme l'a découvert le professeur Dr. Hans SELYE, endocrinologue et biochimiste austrocanadien. (C'est lui qui a inventé le mot *stress* et qui l'a imposé).

Par stress, on entend l'enchaînement d'états corporels résultant d'une situation tendue et exceptionnelle. Si la tension persiste trop longtemps, il résultera de cet excès une réaction défectueuse d'adaptation, et plus rien n'arrêtera la maladie: insomnies, migraines, troubles de la digestion, tension élevée, ulcères de l'estomac ou du duodénum, diabète, diverses sortes de rhumatismes, maladies allergiques, troubles du système cardio-vasculaire ou des nerfs, taux élevé de cholestérol, et bien d'autres encore.

Est-il possible d'intervenir dans ce développement, de tout écarter de soi? Oui!

Le moyen, c'est une pensée positive et correcte. Avant que l'impulsion: «Alerte! situation anormale» lancée par le complexe de réception des émotions et de la conscience n'atteigne l'hypothalamus, le stress peut être bloqué ou tout au moins réduit par les impulsions électriques d'une pensée intense et orientée.

Dans la vie de tous les jours, les choses se passent ainsi:

> Une impulsion électrique émotionnelle est en route vers l'hypothalamus, porteuse de l'information suivante: «*J'ai peur! Je refuse.*» Si l'individu déclenche sa pensée à ce moment-là, une impulsion électrique mentale peut barrer la route à l'impulsion émotionnelle, ou du moins réduire son effet d'alerte: «*Du calme!* Je m'en occupe.»

Ainsi, ce qu'on a subi représente une provocation, mais pas une exigence exagérée. Dans la mesure normale de la capacité d'un homme, c'est même une impulsion vitale. De cette manière, le stress n'a pas seulement une importance essentielle, mais il est sain.

Le professeur Selye déclare même: «Être entièrement libéré du stress, c'est la mort.»

Comment cela se présente-t-il dans la vie pratique? Dans notre économie qui tourne à plein régime, seuls viennent à bout de la fièvre ceux qui sont capables, par la puissance de leur pensée, d'arriver par eux-mêmes au calme et à l'égalité d'humeur.

Un industriel tourmenté me demandait: «Que puis-je faire? Ma ruine, c'est le manque de temps,» et il m'expliqua comment, en songeant à son agenda, il avait acquis la conviction qu'il n'y avait pas de solution. Cette seule pensée faisait battre son cœur à un rythme accéléré et lui rendait les mains moites. Ces réactions compromettaient évidemment ses facultés de rendement.

Je savais qu'il devait changer quelque chose. Mais pour moi, il était évident qu'il n'en verrait pas la nécessité. Pur cela, il n'allait pas encore assez mal sur le plan de la santé. De plus, la plus grande partie de son travail était effectivement inévitable. Dans nos entretiens, nous étions arrivés à la conclusion qu'on ne pouvait rien changer à ce cycle infernal. Donc, ce qu'il devait changer, c'était son comportement. Dans ce sens, il convenait d'opposer une pensée orientée à l'impulsion de stress dès qu'il sentait l'agitation le gagner.

Un an plus tard, cet homme d'affaires, solide comme un roc, me déclara: «Savez-vous ce qui m'a le plus efficacement aidé l'an passé, à propos de ce manque de temps, à tout régler? Une simple formule de pensée: «Chaque chose en son temps!»

Dans des situations de stress, les pensées simples, concises, sont celles qui ont le plus d'effet. Et la technique des formules mentales est d'une grande assistance dans de telles conditions de surcharge. Mais valent-elles aussi en cas d'instabilité psychique, de préoccupations de longue durée? Le fait d'être malheureux est déjà un supplice en soi. Il faut ajouter que nous nous trouvons ici devant l'origine invisible d'une maladie qui devient visible.

Beaucoup de maladies ont leur origine dans la psyché, même des maladies infectueuses. Car celles-ci n'éclatent que lorsque les bactéries ou les virus infiltrés dans le corps ne peuvent plus être combattus à cause d'un affaiblissement de la résistance du corps. Cela se voit régulièrement au pourcentage des gens qui ont été également contaminés et qui ne deviennent pas malades. *Et cette résistance ne dépend indubitablement pas seulement des critères corporels de la santé mais aussi des dispositions spirituelles de l'individu.*

L'Interferon, ce remède contre le cancer dont on a beaucoup parlé et qui éveille parfois quelques espoirs, est basé sur le principe de la résistance. Chez tout individu qui est atteint spirituellement, la résistance faiblit. Le célèbre GALENOS, médecin personnel de l'empereur Marc-Aurèle, décrivait déjà dans la Rome du IIe siècle après J.-C. les rapports entre la mélancolie et les tumeurs cancéreuses. Aujourd'hui, la médecine psychosomatique est un véritable espoir pour les malades. Cette branche avancée de la médecine scientifique a démontré l'origine spirituelle de la plus grande *partie de toutes les maladies.* (Psyché = âme, Soma = corps).

Par contre, les «petites gouttes de l'âme» de la psychopharmacopée n'apportent pas d'aide véritable. Un mari infidèle ne devient pas fidèle parce que sa femme prend des tranquillisants. Au contraire: tous les psycho-médicaments détruisent la personnalité.

Dans chaque cas de détresse, le seul salut consiste à s'interroger sur soi-même et à examiner la situation. Cela signifie, contrôler ses émotions par la pensée et se faire un compte exact des changements dans l'état des sentiments, des finances, de la profession ou des relations sociales, et cela sans s'apitoyer sur soi-même. S'apitoyer sur soi-même ne peut que réduire la force de nos pensées qui sont plus fortes que les sentiments. La plupart des gens ne le savent pas et ne se soucient donc pas d'éviter cette implication. Cela ne signifie pas qu'il est souhaitable de manquer de sensibilité.

Revenons-en à l'exemple de la femme trompée. On suppose qu'elle a, pour l'heure, réfléchi à sa situation. Elle peut donc, maintenant, avec la puissance positive de la pensée, se donner un objectif nouveau: soit de convaincre le mari qu'elle vaut mieux que sa maîtresse, soit le laisser courir. En pensant correctement, cette femme peut encore barrer la route à cette idée néfaste, avant que ce trouble spirituel ne se transmette au corps et ne s'y manifeste sous forme d'une dépression secondaire puis ne se change en maladie dans le système organique.

Pourquoi faut-il éviter les psycho-médicaments? Tous font mûrir dans l'âme, par le système hormonal, les influences qui s'y manifestent. Ils imitent certaines substances corporelles, et précisément celles qui sont appelées et libérées dans le système chimique du corps en cas de situations de crises exceptionnelles. Les gens qui sont grièvement blessés ne ressentent souvent aucune douleur au premier moment parce que ce que l'on appele l'endorphine (un agent anesthésique qui se trouve dans le corps) agit de façon calmante et anesthésique. Mais ses effets secondaires ne sont pas insignifiants, et c'est pourquoi l'état de choc mène souvent à la mort. Il est donc bon de ne pas programmer le corps à injecter dans le sang une dose d'endorphine à chaque contrariété morale ou en cas d'insatisfaction chronique. Et c'est la raison pour laquelle l'homme ne devrait pas — contre nature — avaler des anesthésiques artificiels sous forme de pilules ou de petites gouttes. L'ignorance peut l'excuser, mais elle n'excuse pas le médecin. De toute façon, le problème des tranquillisants — comme la médecine appelle ces anesthésiques — n'est pas résolu.

Tout affaiblissement de l'état normal du corps, si minime fût-il en apparence, n'indique pas seulement la cause d'une maladie, mais il en est aussi le symptôme. Madame Maria BLOHMKE, professeur à l'Université d'Heidelberg a développé une méthode pour découvrir des gens atteints du cancer. Les personnes examinées devaient répondre à des questions sur leur personnalité morale et spirituelle, dans le cadre d'un questionnaire détaillé. Au cours de cette épreuve, on put reconnaître les malades avec une surprenante précision de 96%, tant d'après les paroles que les écrits.

Lorsqu'on peut mesurer l'anxiété, les soucis, la colère et la joie en millivolts, cela montre, comme on l'a déjà dit, que les sentiments sont également des phénomènes énergétiques qui peuvent être influencés par une pensée orientée. Cela se vérifie surtout lorsque les assises d'une attitude confiante dansl'existence servent de base à des exercices appropriés.

Mais un tel comportement doit d'abord s'acquérir. Tant qu'un individu répète «Mais je ne peux pas le faire tout seul» et qu'il attend une aide extérieure, il ne s'est pas encore approprié la manière positive de penser. Et celui que ne commence pas par là, ne peut évidemment espérer le moindre effet. Vous trouverez au chapitre 5 de ce livre les exercices appropriés. Et vous pouvez être assurés du résultat.

Une de mes patientes savait déjà au fond d'elle-même à un certain moment ne pas encore pouvoir accepter que son mariage — dans lequel elle était entrée avec tant de bonne volonté — pu être compromis. Des insomnies, des troubles organiques, des palpitations, de l'essoufflement et des idées de suicide faisaient de sa vie un supplice, sans aucune raison apparente. Elle parvint cependant, en utilisant des techniques de pensée et des exercices de respiration, à obtenir un résultat que de nombreux médicaments n'avaient pu provoquer précédemment. Elle ne se jeta pas par la fenêtre et ne se suicida pas, mais elle a divorcé, et elle est en parfaite santé. En opérant un virage en toute confiance, elle a pu commencer une nouvelle vie.

Les exemples pris parmi ma clientèle et cités ici devraient vous apporter la certitude qu'il n'y a véritablement aucun problème qu'on ne puisse surmonter par une pensée positive constructive. Nous pourrons alors en venir à la partie pratique de ce livre et aux techniques qui y sont décrites. Cela vaut aussi pour les défauts de caractère et pour les faiblesses humaines qui éveillent les instincts et qui enchaînent ou semblent enchaîner l'homme aux liens indestructibles de l'hérédité. Je pense aux envies sexuelles, au besoin maladif de puissance ou à l'âpreté au gain, aux penchants contraignants pour l'alcool ou les stupéfiants.

De tels besoins ne laissent pas l'homme en paix tant qu'il ne les a pas assouvis. Et le cercle infernal recommence: le désir ou la passion cherchent à être à nouveau constamment assouvis. Toutes les pensées et tous les actes d'un homme qui ne peut se libérer de cette sorte de liens sont sans cesse orientés vers ce même but unique: l'assouvissement de ses passions et de ses désirs.

Cela provoque des souffrances et des luttes de toutes espèces, pas seulement pour l'intéressé, mais aussi pour autrui. Car ce qui est provoqué par ses passions atteint sans ménagements n'importe quel autre homme. Maintenant, il se trouve des gens, même des professionnels pour dire que toute jouissance et son assouvissement, et même l'ardent désir de toujours recommencer, reposent sur des processus biochimiques et physiques bien déterminés qui se développent dans le cerveau et dans les systèmes nerveux et hormonal. Ils prétendent que ni comme enfant, ni comme adulte on ne peut affaiblir ou modifier ces données corporelles par quelque chose comme le contrôle de soi et la pensée orientée. Mais il faut bien dire que ces éléments biochimiques et physiques ne sont jamais une cause!

Un exemple: nous n'éprouvons pas un sentiment d'anxiété parce que la capsule surrénale répand de l'adrénaline: l'anxiété vient d'abord et ce sentiment se communique sous forme d'information énergétique au corps qui réagit en injectant une dose supplémentaire d'adrénaline dans le sang. C'est pourquoi l'individu sent son coeur battre en plus de son sentiment d'anxiété. Des processus semblables se développent avec tous les autres sentiments comme, par exemple, l'impatience, la colère soudaine, l'envie et la haine. Cette corrélation entre l'âme-esprit et le corps se manifeste également avec des sentiments positifs comme l'amour, la compréhension, la confiance, la joie.

Beaucoup de spécialistes du cerveau s'accordent à considérer que la plus haute qualité morale-spirituelle de l'homme, sa conscience éthique et sociale, dépend de systèmes cellulaires dans des régions déterminées du cerveau. Comme chaque pensée que nous formons dégage, dans les couches physiques de l'être, des processus de charge énergétique dans le système nerveux central, un constant entraînement de la pensée peut également modifier le système cellulaire physique.

C'est ainsi que nous devons comprendre les corrélations entre l'âme-esprit et le corps. Cela se passe comme une image dans un miroir: rien n'est disponible pour le corps qui n'ait son pendant dans le domaine de l'âme-esprit. Sur la base de ce fait, l'homme ne reste jamais tel qu'il était auparavant, à la naissance, ou simplement par son hérédité. Il est la résultante de ses expériences de la vie et de sa propre éducation. *Ce qu'il est et comment il l'est, ce qu'il a et comment il l'a à un moment déterminé, c'est le produit de ses pensées.*

Les produits de la conscience et de l'éducation — la jouissance, la faim, une idée, l'ambition, la joie, les aspirations morales, tout ce qui fait la personnalité d'un individu — sont communiqués au corps. Tous les sentiments sont liés à la pensée. Notre pensée les renforce ou les affaiblit.

D'un côté, une pensée motivée enflamme l'enthousiasme pour une activité plus créative, si précieuse dans la vie et surtout dans le domaine professionnel. De l'autre, les pensées peuvent également apporter le calme. Des pensées tristes et angoissées nous entraînent de plus en plus profondément dans la mélancolie. Des pensées pleines d'espérances donnent du courage et revigorent. Celui qui l'a compris peut avoir sans cesse des pensées de plus en plus confiantes, jusqu'à ce qu'elles fassent partie de son art de vivre, de son essence même. Il y gagnera toujours. Et cela vaut même en des temps où toutes les circonstances semblent défavorables. La pensée confiante a la force nécessaire et les moyens de les surmonter et elle nous conduit à un avenir meilleur.

Il y a des années, à Munich, une jeune et belle actrice de théâtre, Renate EWERT, s'était donnée la mort. On découvrit chez elle un manuscrit qu'elle avait commencé et qui s'intitulait *Mon maudit sexe!* Sa disposition d'esprit et un enchaînement de circonstances malheureuses l'avaient conduites à cette situation inextricable. Si elle avait eu le savoir que nous développons ici, et si elle avait appris à penser, le suicide ne lui serait pas apparu comme la seule solution à ses problèmes.

La possibilité de se changer et de modifier les circonstances extérieures existe. L'homme n'est absolument pas lié toute sa vie à «ses dispositions d'humeur». La pensée est la grande possibilité de l'homme! C'est par elle qu'il a ses chances. Seul l'homme qui pense positivement peut se réaliser entièrement lui-même. Les directives et les exercices que vous trouverez au chapitre 5 vous aideront à acquérir une pensée positive. Plus tôt quelqu'un apprendra à utiliser ses possibilités, plus il en tirera avantage.

RÉCAPITULATION:

Le contenu des pensées et des sentiments est communiqué au corps par des processus énergétiques. Une situation comparable s'y produit, comme une image dans un miroir.

Dites-vous dès maintenant: je n'accorde aucune pensée à la maladie et je pense à surmonter toute disposition d'esprit dommageable.

CHAPITRE 4

Quels sont les critères de la pensée positive?

1. Le point de vue spirituel

À elles seules, les méthodes et les techniques qui en découlent peuvent déjà réaliser beaucoup. Mais si on n'adopte pas l'attitude spirituelle qui convient, elles manquent de solidité.

Comment peut-on avoir à notre époque incertaine un comportement fondamental confiant? Mes voyages à l'Ouest et en Asie m'ont convaincue que nous connaissons une décadence spirituelle et morale dans le monde entier. Nous sommes entourés par un océan d'égoïsme, d'intrigues, de diffamations, d'agressions, de brutalités, de criminalité, de déchéance, de débordements sexuels, d'ignorance, de maladies, de déceptions, d'anxiété et de destins malheureux. Les vagues nous submergent et entraînent beaucoup de gens vers l'abîme.

Dans de telles circonstances, notre message, c'est de toujours penser positivement, c'est-à-dire avec confiance. Tel est le véritable art de vivre.

Pour que nous puissions nous adapter au comportement spirituel qui convient, nous devons nous imposer quelques conditions valables pour tous et que l'on ne peut éviter. Conformément à notre caractère personnel, nous devons les élargir en les assaisonnant d'un peu d'ambition, d'enthousiasme, de contentement, de patience, de gratitude.

Ce qu'il faut, c'est:
1. du discernement
2. du courage en vue de prendre des risques
3. de la confiance
4. de la persévérance

Ce qui est interdit, c'est:
1. de s'apitoyer sur soi-même
2. de faire preuve de mollesse

C'est d'après ces critères que nous devons orienter notre pensée, nos sentiments et nos actes. C'est ainsi que nous apprendrons à nous contrôler, à acquérir deds qualités constructives et à surmonter les effets destructeurs.

2. *Les qualités dominantes!*

Le discernement

Nous sommes tous des êtres uniques et nos jugements sur une même chose sont très différents. Mais il est précieux d'avoir une opinion bien arrêtée. Cela ne signifie pas qu'on ne peut pas changer d'avis. Il y a toujours de nouvelles connaissances et de nouveaux développements qui entraînent des changements dans la vie de l'individu ou dans les événements mondiaux.

Un jour, un journaliste fit ce reproche au chancelier Konrad ADENAUER: «Mais, monsieur le chancelier, hier soir vous étiez d'un tout autre avis.» Le chancelier répondit: «Qu'y puis-je si je suis devenu plus malin pendant la nuit?»

Les hommes, les situations, les opinions changent. Celui qui ne possède pas de normes bien établies devient le jouet de son entourage.

Nous avons constamment besoin de discernement. par exemple, dans le domaine professionnel, nous devons clairement nous demander:

• Que puis-je faire? Que ne puis-je pas faire?
• Quel but dois-je atteindre? Et lequel non?
• Ai-je les collaborateurs qui conviennent — ou pas?
• Mon travail me convient-il? Dois-je apprendre quelque chose de neuf, ou changer de situation?
• Est-ce que je gagne trop peu, ou est-ce que je dépense trop?
• Ai-je de trop grandes prétentions, ou sont-elles trop limitées?

Dans la vie privée, nos facultés de discernement ne sont pas moins indispensables. Nous devons quotidiennement prendre des décisions.

Par exemple:

• Est-ce que je souhaite une vie commune basée sur la satisfaction sexuelle, ou une union pour le meilleur et pour le pire?
• Dois-je pour le moment traiter cet enfant avec rigueur ou avec douceur?
• Ce costume (ou cette robe) me rend-il plus beau et m'attirera-t-il des sympathies, ou pas?
• Ai-je envie d'attirer la sympathie, ou pas? (celui qui répond «non» se ment à lui-même!)
• Suis-je honnête avec moi, ou non?

Réfléchissez au nombre de fois que vous devez prendre des décisions en une journée. Des désirs les plus importants à l'achat d'un chou. Et ne reprochez pas au commerçant de vous avoir «roulé» si vous n'avez pas su distinguer les légumes frais des autres. Cela arrive partout et avec tout le monde. N'attendez rien des autres, mais fiez-vous à votre propre certitude que vous pouvez développer grâce à votre faculté de discernement toujours en éveil.

1. Réfléchissez à la mesure dans laquelle l'égoïsme est sain et nécessaire, ou s'il est exagéré.

2. Exercez votre connaissance des hommes par l'observation quotidienne, tout en prenant garde aux petits détails. Dans les grands moments, vos semblables sont maîtres d'eux. Mais dans la grisaille des jours ordinaires, c'est aux petits détails qu'on les reconnaît.

3. Avant tout affrontement, demandez-vous si le jeu en vaut la chandelle. La puissance déployée dans cette intervention est-elle bien utilisée ou est-elle quelque peu gaspillée? Il faut aussi se demander s'il n'existe pas une autre solution plus pacifique, ou s'il ne vaudrait pas mieux que vous fassiez un pas en arrière.

4. Bien des gens se sentent offensés par les critiques. Mais celui qui est capable de discerner ne s'en offusque pas: la critique lui est profitable. Même une critique malveillante mérite d'être examinée pour voir si elle est justifiée ou non. Une critique injustifiée, il faut la laisser tomber et l'oublier. Dans le cas contraire, nous y trouvons une très précieuse indication sur la façon de nous améliorer

La question la plus importante pour chacun de nous est la suivante: «Qu'est-ce qui est bon, qu'est-ce qui est mauvais?» Et naturellement aussi: «Qu'est-ce qui est bon pour moi, qu'est-ce qui est mauvais pour moi?» La faculté de discernement est le pain quotidien de notre existence, avec des conséquences très décelables dans tous les domaines. De cela dépend aussi la question de savoir si vous allez poursuivre votre lecture.

Le courage de prendre des risques

Vous avez pris votre décision. Vous poursuivez la lecture. Alors voici la deuxième condition: soyez courageux dans tous les domaines. Vous savez, grâce à votre faculté de discernement, ce que vous voulez. Alors, faites-le et ayez le courage de vous y tenir!

Il est effrayant de constater combien de parents n'ont pas le courage d'éduquer leurs enfants à fond. Comme il est facile à une fille pleine de douceur de tout obtenir de son père. Devant cette petite poupée, l'homme le plus fort est souvent complètement retourné. Combien de mères vont faire des ménages parce que leur fils veut une motocyclette? Et pourquoi les parents agissent-ils ainsi? Parce qu'ils n'ont pas le courage de dire «non». Par crainte de perdre l'amour de l'enfant, ils lui passent ses moindres caprices. Il ont tort. Les enfants sentent intuitivement que de tels parents ne sont pas conséquents. «Mes parents sont des faiblards. Je ne peux pas compter sur eux!» Et ainsi, au lieu de gagner l'amour de leurs enfants, les parents l'ont perdu.

Celui qui veut subsister et arriver à ses fins doit avoir le courage de reconnaître la vérité, le courage de la proclamer, le courage d'entreprendre une affaire, le courage, dans le pire des cas, de perdre, le courage d'aimer et de se soumettre au mariage, le courage de supporter mille petites choses. Pour pouvoir aller de l'avant, vous devez avoir le courage de prendre des risques. Car «celui qui n'ose pas n'obtient rien».

Ne pas s'en laisser conter, vivre d'après les lois immuables de la nature et garder les deux pieds sur terre nous apporte, en dehors de la faculté de discernement et du courage, une qualité supplémentaire que nous pouvons également acquérir par une pensée orientée.

La confiance

Vous avez du courage, et vous vous engagez dans cette expérience. Vous admettez que la pensée constitue un acte créateur. Vous établissez ainsi les fondations du succès et du bonheur. Vous trouvez là un point de départ décisif pour votre stratégie: la confiance! Cela signifie: *Penser positivement pour devenir positif! Et cela signifie à nouveau: être convaincu du succès. Être certain, ne pas douter, ne jamais douter!*

Dans les chapitres précédents, on a clairement montré que l'énergie spirituelle est le point de départ de tout événement. Tout ce qui est visible doit sa substance fondamentale à l'énergie spirituelle. Penser, c'est le mouvement de l'énergie spirituelle. L'énergie en mouvement devient visible. Le contenu de votre pensée se réalise matériellement — vous construisez la maison dont vous rêviez — ou comme événement — comme vous l'avez voulu, vous l'emportez sur quelqu'un dans les affaires, dans le jeu ou dans la vie.

Tout ce qui existe s'est constitué selon cette même loi créatrice, et cette loi agit jusque dans les moindres détails de toute vie individuelle. Devenez créatif grâce à votre pensée confiante.

La persévérance

Vous ne gagnerez ce qui vous sert le mieux qu'en vous mettant au travail avec décision, courage, confiance et *persévérance*.

Ces qualités sont des conditions indispensables. Elles doivent être développées et entretenues si elles vous échappent. N'oubliez pas que vous pouvez obtenir dans la vie beaucoup de choses que vous n'avez pas encore obtenues. Peut-être éprouvez-vous le besoin d'améliorer votre situation professionnelle ou d'en trouver une nouvelle qui soit meilleure? Peut-être souhaitez-vous que votre comportement envers votre partenaire devienne meilleur? Mais cela ne peut se faire sans maîtrise de soi. Vous pourriez, par exemple, renoncer facilement à l'une ou l'autre habitude désagréable. Ou bien devez-vous toujours couper la parole à votre mari? Ou enguirlander votre femme pour les moindres vétilles?

Décidez-vous, prenez votre courage à deux mains et allez droit au but avec confiance et persévérance. Votre but n'est-il pas notamment d'être aimé?

Grâce à des efforts constants (persévérance) nous pouvons surmonter de lourdes faiblesses de caractère, voire même des faiblesses innées dès que nous les avons remarquées (faculté de discernement), surtout si nous bénéficions du soutien de notre conjoint.

Ne faire preuve qu'une seule fois de courage dans une affaire ne sert cependant à rien. Lorsqu'on a résolu un problème, on peut être certain que le suivant est déjà là. C'est pourquoi les qualités d'une bonne base morale et spirituelle doivent être entretenues avec persévérance. Beaucoup de choses peuvent affecter notre confiance. *Être positif ne signifie pas seulement tenir bon, ne pas douter. Il faut aussi atteindre le but*!

La vraie pensée positive ne peut être ébranlée, et il faut aussi un certain temps pour que nos idées et nos souhaits puissent se réaliser. Beaucoup de choses peuvent troubler nos élans et nos projets. Ce qui importe, c'est la persévérance.

Après une journée pleine de déceptions, je m'étais sentie déprimée en allant me coucher. Et sur mon lit, j'avais trouvé une feuille de papier. Ma chère maman y avait écrit en grosses lettres: «*Ce n'est pas de commencer qui entraîne la récompense, mais seulement de tenir bon.*»

S'apitoyer sur soi-même

On reçoit souvent des avertissements dont on ne tient pas compte. N'avez-vous jamais remarqué comment, en vous apitoyant sur vous-même, vous êtes entraîné dans un tourbillon? Alors prenez ma mise en garde au sérieux. Si vous découvrez la moindre indication d'un début d'apitoiement sur vous-même, le plus petit regret qui vous concerne, emparez-vous-en et écartez-le de vous avant qu'il ne vous empoigne.

L'apitoiement sur soi-même est un sentiment tellement profond chez l'homme que rien ni personne ne peut s'y opposer. Il est inutile d'attendre à cet égard la moindre aide extérieure. Se plaindre soi-même rend faible et trouble la raison objective. Ce comportement destructif agace votre entourage et vous empêche d'être aimé. En s'apitoyant sur soi-même, l'homme perd toute valeur aux yeux de la société et il devient pour lui-même un fardeau qui sera un jour impossible à porter. C'est la racine de bien des malheurs, un parasite de l'esprit, un cancer moral.

La plus grande partie de toutes les dépressions, qu'elles qu'en soient les causes, ne peut se développer de façon aussi massive qu'en raison de constants apitoiements sur soi-même. Dans ces conditions, ces gens attendent une assistance extérieure, l'aide des autres, l'aide des médicaments, et leurs propres forces déclinent de plus en plus. Le dépressif se plaint toujours de plus en plus, il se fatigue lui-même et il fatigue les autres.

Un écrivain, âgé aujourd'hui de près de quatre-vingt-dix ans, m'a raconté comment autrefois, après la guerre, il avait rencontré à nouveau l'épouse élégante et choyée de son premier éditeur de Dresde. Cette dame qui, précédemment, avait dirigé une grande maison, vivait dans ue mansarde, et elle tricotait des chandails pour ne pas mourir de faim.

Après la perte de son mari, de sa maison et de ses affaires, elle ne se préoccupa pas de ce qui était perdu, mais elle réfléchit à ce qu'elle pouvait gagner. Comme elle ne possédait plus rien, il ne lui restait qu'une possibilité, c'était, comme on dit aujourd'hui, de «vendre des services». Mais que pouvait-elle faire? On ne demandait pas de représentants. Enseigner le piano? En ces temps de famine, apprendre le piano était un luxe. Les langues? C'était pareil. Dans sa jeunesse, en tant que fille aînée, elle avait appris à tricoter, aussi se mit-elle à tricoter des chandails selon la maxime: «faire d'une pierre deux coups». Il ne lui restait pas assez de temps pour se plaindre. Elle se mit à tricoter pendant cette difficile époque d'après-guerre en attendant des jours meilleurs.

J'ai pu observer exactement l'inverse chez deux soeurs. Internat en Angleterre, équitation, tennis, vie de société. Puis, ce fut la guerre. Et ensuite? Les parents étaient morts, la fortune était perdue. Les deux soeurs vécurent dans un minuscule appartement. Leur apitoiement sur elles-mêmes les entraîna dans une noire dépression, source d'indolence et d'abrutissement. Malades, elles végétèrent dans des conditions inimaginables jusqu'au moment où l'assistance publique les prit en charge.

Les destins des hommes ont autant de facettes que les formes et les couleurs de ce monde et nous croyons souvent avoir des raisons de nous apitoyer sur nous-même. Mais nous ne devons, en aucune circonstance, nous laisser aller. C'est toujours, sans aucune exception, un tourbillon qui vous entraîne vers l'abîme. Libérez-vous donc de l'apitoiement sur vous-même.

Il nous enchaîne au passé et nous paralyse dans le présent. Cependant, le présent d'aujourd'hui est déjà le passé. Sur le passé, nous n'avons aucune influence, mais nous en avons sur l'avenir. Celui-ci nous est ouvert. *Dans le futur, tout est encore possible. Tout est bien, si nous nous concentrons sue le bien. Ne pas en douter, c'est penser positivement.* Ce qui revient à être créatif pour un avenir meilleur. C'est pourquoi, il ne faut jamais gaspiller ses forces dans le passé en s'apitoyant sur soi-même! Chacun a besoin de toutes ses forces pour bâtir son avenir, un avenir meilleur.

Pour avoir la force d'écarter immédiatement toute tentative d'apitoiement sur soi-même, nous devons nous garder de tout amollissement.

Faire preuve de mollesse

Celui qui ne s'exerce pas ne deviendra jamais un maître. Cela vaut pour la course de fond, pour la boxe, pour le coiffeur comme pour le tapissier, dans l'art et dans les affaires. Celui qui veut être maître de son existence doit s'entraîner et s'exercer avec persévérance.

Il existe un proverbe chinois qui dit: «Si tu choies ton enfant, alors tu le tues». Car plus tard, la vie ne dorlote pas. L'enfant ramolli, qui a été mal préparé pour la vie, devra échouer, ou recommencer à apprendre dans de dures conditions. L'homme qui, dès l'enfance a été entraîné à s'assumer, à prendre ses responsabilités, à faire de son mieux, s'en tirera plus facilement dans la vie. Ceux qui nagent au sommet des vagues de la criminalité économique et qui aiment mener la grande vie, mais aussi ces autres dévoyés qui cherchent le salut dans le fatalisme de la toxicomanie sont loin de maîtriser leur existence. Ces gens inconsistants sont affaiblis intérieurement et extérieurement, et ils sont totalement sans scrupules. Mais l'art de vivre, c'est de faire ses preuves dans la lutte pour la vie, d'assurer une heureuse harmonie dans sa vie privée, de découvrir le sens de la vie pour sa propre personne et de s'efforcer de vivre d'après ces préceptes. On ne peut atteindre son but, et par là la paix intérieure, sans prendre la peine de se former soi-même.

Celui qui, le matin, ne peut quitter sa femme et la douillette chaleur de son lit ou qui lit son journal pendant deux de ses huit heures de travail doit s'accommoder de n'avancer qu'en se traînant dans sa vie professionnelle. Celui qui craint de s'asperger le corps d'eau froide et de sortir quand l'air est frais ne devra pas s'étonner si, un jour, son cœur et sa circulation ne remplissent plus leur rôle.

Quand je demande que l'on exerce ses forces et sa discipline, mon appel ne plaira pas à tout le monde. Nous vivons à une époque où l'on prête beaucoup d'attention aux faibles et aux malades. Mais d'où viennent la faiblesse et la maladie? De l'ignorance, d'une éducation fausse et d'un comportement inadéquat. Beaucoup de parents, aujourd'hui, prennent la défense d'un garçon qui pleure. «Pourquoi un homme ne pourrait-il pas pleurer?» Bien sûr qu'il peut. Mais il faut aussi qu'il cesse! Et cela, il doit déjà l'apprendre quand il est enfant.

J'ai lu avec intérêt le rapport d'une recherche psychologique au cours de laquelle on testait aussi, pour une fois, des êtres sains et vigoureux. Il s'agissait d'enfants. Des enfants surprenants, aimables, actifs, pleins d'idées, créatifs, ouverts, quoiqu'ils vécussent — et c'est ce qui est extraordinaire dans ce test — dans des conditions difficiles, avec des mères schizophrènes et des pères criminels, et dans un environnement tout à fait asocial. Ces recherches étaient effectuées par les psychiatres E. James ANTHONY de l'Université de Washington et Norman GARMEZY, professeur à l'Université du Minnesota (qui dispose aussi d'une bourse de recherche à vie au «National Institute for Mental Health», un institut de santé mentale). Pour que les résultats puissent être répandus le plus largement possible comme aide au plus grand nombre, ces deux chercheurs essaient de découvrir quelles sont les qualités qui permettent à ces enfants de maîtriser les conditions difficiles de leur existence. Ces enfants, appelés pas les savants «les invulnérables», possèdent précisément ces qualités que j'ai décrites dans ce chapitre comme conditions indispensables à un bon comportement fondamental et par là, à la réussite et au bonheur dans l'existence.

Sur la base des normes naturelles et éthiques exposées dans les chapitres précédents et des qualités prédominantes décrites dans le présent chapitre, nous pouvons atteindre la richesse et la plénitude. Celui qui a un comportement fondamental correct et qui applique la formule magique de la puissance de la pensée (dans le sens d'une pensée positive constructive) n'atteindra pas seulement un succès partiel sur la voie de la richesse, comme John D. ROCKEFELLER qui était certes l'homme le plus riche d'Amérique mais qui, en raison de sa cupidité, était tombé malade. Non. La richesse a de pus vastes possibilités, c'est-à-dire d'être riche en biens matériels, mais aussi en santé, en culture, en qualités de coeur, en sagesse, en joie de vivre, bref «en tout».

Il est bon d'utiliser toutes les possibilités dont on dispose. Je rappelle de toute façon ces mots tirés des *Védas*: «Lutte d'abord pour la connaissance, puis pour le bien-être.» Le fait que, de nos jours, on n'accorde peu de crédit à la connaissance et qu'on ne vit pas en fonction d'elle est au détriment de l'homme. Ainsi, il attend le bonheur de l'extérieur, et il peut le trouver dans l'un ou l'autre domaine. Mais il n'est jamais sûr, heureux ou content dans sa totalité.

L'industriel Henry FORD était un homme pour qui ce savoir représentait une évidence de son comportement spirituel. Le «roi de l'automobile», qui devait mourir en 1947, s'était soucié des conditions sociales de ses collaborateurs. Parmi ses biographes, on trouve certes des voix qui s'élèvent contre cette affirmation. Mais c'est un fait historique qu'en 1914, toute l'Amérique fut en effervescence lorsque Ford déclara qu'à partir de ce jour, aucun de ses ouvriers ne gagnerait moins de 5 dollars par jour. Et il remboursait aux clients les profits excessifs lorsque les tarifs avaient été calculés trop haut.

Ralph Waldo TRINE, un célèbre professeur du mouvement américain de l'Esprit nouveau, avait obtenu d'Henry Ford l'interview qu'on trouvera ci-dessous:

L'interviewer: J'aimerais connaître votre avis sur la manière dont on peut diriger une entreprise avec succès sur des bases spirituelles. Le monde connaît vos résultats en matière de construction automobile. Je m'en étonne d'autant plus, quand j'y réfléchis, que, dans votre jeunesse, vous étiez pauvre. Pourrais-je connaître le secret de votre réussite?

Henry Ford: Que j'aie été pauvre dans ma jeunesse n'est pas tout à fait exact, car en réalité, tous ceux qui entreprennent quelque chose ont à leur disposition tout ce qui leur est nécessaire.

L'interviewer: C'est exactement cela que je m'attendais à entendre de votre bouche. Et si vous avez apporté une telle contribution au progrès de l'humanité, c'est manifestement sur la base de votre confiance dans la richesse de la vie. Cette confiance, vous la portiez en vous, et elle vous a permis de manifester aussi extérieurement cette *richesse intérieure*. Au surplus, je constate aussi que vous n'accordez pas une grande signification à la richesse et à la propriété.

Henry Ford : Et non sans raison, car la richesse et la propriété ne sont que des moyens ou des instruments pour accomplir notre mission terrestre au service de tous.

L'interviewer : Vous avez déclaré un jour — et peu importe que cette connaissance nous vienne d'Amérique, du Japon ou d'ailleurs — que la vérité de l'esprit nouveau qui éclairera l'humanité sera la suivante : lorsque quelqu'un se croit grand et capable et qu'il a pu réussir ce qu'il voulait accomplir, il influencera aussitôt les choses, les circonstances et l'environnement de telle façon qu'ils serviront à la réalisation de ses idéaux ou de ses objectifs. — Celui qui pense ainsi active en fait une force dont la plupart n'ont pas la moindre idée. La question que je vous pose est la suivante : Avez-vous déjà décelé l'existence de cette *force de réalisation* qui est plus puissante que toutes les forces humaines? Peut-être l'appelez-vous Dieu? Êtes-vous constamment conscient de la présence

	de cette force? Ou bien que faites-vous pour entrer et demeurer en contact avec cette force?
Henry Ford:	*Depuis que je suis cosncient de la spiritualité du monde*, je suis certain de l'omniprésence de cette force de réalisation, ou de cette force vitale. En vérité, ce qui devrait être le plus important pour chacun, c'est de devenir conscient de cette force qui est en lui. Nous l'avons ensuite appelée l'«esprit» ou «matière», quoiqu'il ne s'agisse que de deux aspects ou de deux faces d'une même réalité et qu'elles ne sont qu'une. Et l'on active le mieux cette force lorsqu'on accomplit son travail selon la règle d'or de le mettre au service du bien du plus grand nombre.
L'interviewer:	Est-ce là tout ce qu'il y a à faire?
Henry Ford:	Non, pas tout. Permettez-moi de déclarer ceci: Tout être est une image de l'Univers en tant que microcosme. En même temps, il est une partie vivante du cosmos. Chacun est rattaché intérieurement à l'esprit de l'Univers qui est présent en lui. Nous appelons ce noyau central de l'être, *le Moi*. Chaque fois que nous voulons quelque chose, que nous nous y concentrons de tout notre coeur, que nous luttons pour le réaliser et que nous en affirmons la réussite, les forces de l'Univers s'écoulent en nous, et elles nous aident à la réalisation de nos objectifs. Chacun

peut avoir sa part de cette assistance, aussi longtemps qu'il veut et qu'il fait le Bien. *Elle porte notre pensée positive* et elle nous apporte même ce qui en permettra la réalisation.

L'interviewer: Et cette aide d'en-haut...

Henry Ford: ...n'est ni trop loin, ni trop difficile à atteindre comme trop de gens le croient. Elle est toujours présente. Toute la richesse de la vie est toujours à la disposition de chacun. Elle se trouve au-dedans et au-dehors. *Elle est activée*, comme on l'a déjà dit, *par une pensée correcte*, par la représentation et la confirmation des souhaits selon lesquels les images spirituelles façonnent la réalité conforme.

PHRASE-CLÉ:

Le comportement spirituel est constitué par la connaissance de la puissance naturelle de l'esprit et il est activé par une pensée positive créatrice et par la discipline du caractère. Celui qui comprend que l'homme, en tant que donnée naturelle, porte en lui toutes les possibilités de maîtriser son existence et de se réaliser, celui-là connaîtra le succès en suivant la voie indiquée ici. Il n'y en a pas d'autres.

La plénitude de la vie est à la disposition de tout homme. La richesse est extérieure et intérieure. Elle est activée par une pensée positive correcte.

CHAPITRE 5:

Comment apprend-on à penser positivement?

À l'aide des exercices qui vont suivre, vous pouvez acquérir des techniques pour atteindre vos objectifs. Elles vous entraîneront à penser dans une direction déterminée et elles vous seront de la plus grande utilité dans votre vie de tous les jours. Selon les cas, je ne décrirai chaque fois qu'une seule méthode d'exercice, simple mais efficace, pour vous permettre de progresser étape par étape.

Il existe évidemment, sur les exercices décrits ci-après, une littérature spécialisée et détaillée. Ces ouvrages sont à la disposition de tous les intéressés, mais ils ne sont cependant lus que par peu de gens.

C'est pourquoi j'espère que, par ce livre, je pourrai vous donner une impulsion décisive, capable de changer votre existence, et un fil conducteur pour la pratique de ces exercices. Ceux-ci vous feront vraiment avancer étape par étape dans la direction de votre prise de conscience spirituelle.

Il est d'une importance capitale, bien entendu, de ne pas vous contenter de parcourir les pages qui suivent, mais de vous livrer réellement à l'un ou l'autre des exercices recommandés.

En le faisant, vous constaterez, à chaque degré que vous aurez atteint, que la peine que vous vous êtes donnée vous fait monter de plus en plus haut dans le domaine de l'esprit. Vous atteignez ainsi le niveau transcendantal, de sorte que vous ne considérez plus ces forces spirituelles d'en bas, mais pour ainsi dire, d'un point de vue supérieur. Vous prenez alors conscience d'une puissance de plus en plus grande.

1. Exercices de repos

Même si ce n'est que lentement, on constate de plus en plus que cette époque matérialiste est à l'agonie. Aussi est-il nécessaire de reconnaître les lois spirituelles et d'y conformer votre existence de manière à vous consacrer, dans la grisaille quotidienne, à votre bien et à celui d'autrui.

La situation du monde exige de nous — et c'est une question de survie — que nous rentrions en nous-mêmes et non que nous soyons hors de nous comme le sont seulement les gens troublés.

Celui qui veut apprendre à penser doit d'abord pouvoir être silencieux. Un vieux proverbe indien dit: «Tais-toi dans ta jeunesse pour que, dans ton âge mûr, une pensée puisse mûrir en toi pour le bien de ton peuple.»

Les illuminations du «Supermoi» dans le moi personnel ne sont possibles que dans le calme. C'est uniquement et seulement dans la tranquillité que l'on peut rassembler ses forces. Le développement et l'épanouissement spirituel et corporel ne s'accomplissent pas dans le trouble et dans la fièvre! Il est vrai que l'homme a besoin d'excitations et de stimulations dans l'existence. Mais il en trouve automatiquement assez dans la lutte pour sa survie, dans la vie privée et dans les appels du sport et des divertissements. Plus on a d'activités, plus grand est le besoin, dans un but d'équilibre, de périodes importantes de repos. Celui qui n'obéit pas à cette loi souffrira d'épuisement, un jour proche ou lointain. Il aura des nerfs détraqués ou souffrira de quelque autre maladie.

Après une performance physique, les muscles ont besoin de repos. Le travail spirituel fatigue aussi. Rien que la présence des autres, surtout quand ils attendent qu'on les aide ou qu'ils nous manifestent une vive oposition, affaiblit notre puissance vitale. En bref: la vie est astreignante, et nos forces doivent constamment être renouvelées. Ce qui convient le mieux, c'est de dormir, ou bien d'écouter de la bonne musique, ou de communier avec la nature.Celui qui dort bien devrait en être reconnaissant et utiliser consciemment cette source de puissance. Rien n'est comparable au sommeil pour la détente, pas même l'aide si souvent recommandée de la méditation. Cela vaut tout au plus pour celui qui a une complète maîtrise de la méditation. Mais de toute façon, elle constitue un bénéfice supplémentaire.

À propos de la musique, il faut établir bien clairement que seule la musique harmonieuse constitue une nourriture compensatoire pour l'âme. Les produits hystériques de la musique récente, soi-disant moderne ne sont que l'expression des déchirements intérieurs de l'«artiste» et d'une époque sans esprit. Ces excès musicaux ne peuvent pas apporter le calme, la force et l'épanouissement. Des observations expérimentales ont montré que même les plantes dépérissent avec la musique rock et qu'avec Beethoven, elles fleurissent et paraissent en pleine vitalité. Lorsque la jeune génération dit qu'elle se détend dans les discothèques et la génération plus âgée dans la littérature policière, ce n'est qu'un signe, dans la mesure où c'est vrai, de la dégénérescence des sensations propre à notre époque.

Il est vrai que toute forme d'art peut nous aider à nous découvrir nous-même, à nous calmer et à nous revigorer. Qu'il s'agisse de littérature, de musique ou d'arts représentatifs, tous peuvent nous apporter le calme et éveiller en nous des impulsions mentales lorsqu'il s'agit vraiment d'oeuvres d'art qui ont été façonnées avec ce que Beethoven décrivait de la sorte : «Oui, ce qui doit toucher le cœur doit venir d'en-haut. Sans quoi, ce ne sont que des notes, des corps sans âme. De la boue ou de la terre, n'est-il pas vrai?»

Si la musique ou l'art peuvent vous aider à trouver le calme, alors, tenez-vous-en aux plus grands artistes qui étaient les messagers — et qui le sont encore à travers leurs oeuvres — destinés à nous transmettre une plus profonde sagesse. Seul le grand art contient un message sur les vérités secrètes et sur le sens de la vie, et lorsqu'on le ressent, l'âme se calme, même dans la douleur. Comprise ainsi, l'expérience artistique est une aide qui nous apporte le calme, qui nous fait découvrir notre moi le plus élevé et nous permet ainsi de trouver dans notre vrai foyer un abri moral et spirituel.

Seul un contact conscient avec le Supermoi, avec l'Esprit absolu, avec Dieu d'où nous procédons nous apporte la sécurité et la force tranquille qui nous procurent la santé corporelle et le développement intérieur.

Une vie confortable dans des conditions financières bien établies et l'abrutissement de la routine quotidienne ne doivent pas être confondus avec le véritable calme intérieur. Un tel manque d'intérêt n'entraîne bien souvent que l'ennui et le stress qui en découlera une fois de plus. Un cardiologue allemand, le professeur Max J. HALHUBER, m'a déclaré ce qui suit: «Je constate de plus en plus souvent que des patients qui viennent me consulter pour un infarctus du myocarde n'ont pas d'excédent de poids, qu'ils fument à peine, que leur tension n'est pas trop élevée et qu'ils mènent une vie très équilibrée. Ce fut longtemps une énigme pour moi de savoir comment un infarctus pouvait se déclarer alors que chez ces patients n'existait aucun des facteurs de risque connus. Mais ils souffrent d'un autre mal: ils ne se sentent nulle part en sûreté, ils ne se sentent nulle part chez eux. Quoique personne ne les ait chassés, ils sont devenus sans foyer».

Si vous avez reconnu la nécessité de chercher le calme pour retrouver votre propre milieu spirituel comme votre véritable foyer alors, tournez-vous vers les plus grands artistes et promenez-vous dans la nature. Contemplez cette oeuvre miraculeuse qu'est notre monde. Une simple promenade de détente et de réflexion dans votre jardin peut déjà vous la faire voir. Vous voyez les roses, vous découvrez combien la haie a poussé, ou vous vous émerveillez de voir comment des tomates rouges se sont développées à partir de petites fleurs jaunes. Des réflexions sur le miracle de la vie — y compris la vôtre — s'ensuivent, et un jour, elles se transformeront peut-être précieusement en réalité quotidienne. Une promenade, surtout solitaire, peut nous apporter beaucoup de calme.

Mais ces moyens de trouver la paix ne pourront de toute manière pas nous libérer entièrement de sentiments pesants ou de pensées dérangeantes. Cependant, nous n'avons pas immédiatement l'impression de renaître, mais bien d'être purifiés.

Dans le silence que nous nous sommes choisi, nous pouvons reconnaître les fardeaux et les compenser, avoir un jugement clair sur les conflits, et agir ensuite conformément à nos objectifs, en toute tranquillité. Nous en tirerons plus de profit que de nous épuiser à des vétilles, que de pester et de nous quereller en nous mettant dans tous nos états.

Pas le temps, pas le temps et jamais le temps, on n'entend plus que ça! Mais que se passe-t-il quand on n'a pas d'âme? La ménagère tout comme le grand patron doivent aussi prévoir le temps de repos dans leurs plans, sans quoi tous leurs efforts et toutes leurs aspirations se perdent en route. Je pense aux principaux dirigeants japonais en politique et dans les affaires: beaucoup d'entre eux prennent le temps de se livrer régulièrement, tous les matins, à des exercices de concentration.

De nos jours, beaucoup de gens se dépensent au point de ne plus pouvoir se concentrer parce qu'ils ne trouvent de repos ni dans leur famille, ni en eux-mêmes. Ils sont «égarés». Il leur paraît impossible de s'asseoir quelques minutes pour rester à ne rien faire. À tout simplement «être là». Pourtant, cette passivité consciente vous branche corporellement sur les fonctions normales et spirituellement sur une meilleure réceptivité. Tant pour les gens sains que pour les malades, c'est un moyen de revitalisation qui a fait ses preuves. S'exercer au repos est assurément d'un profit exceptionnel, car celui qui ne peut pas conserver son calme dans une situation problématique ne trouvera pas non plus les pensées salvatrices.

Exercice pratique

- Une pièce tranquille, bien aérée.
- S'asseoir ou se coucher sans bouger, desserrer les vêtements gênants.
- Fermer les yeux.
- «Relâcher» les sentiments supeflus (voir exercice technique de la pensée).
- S'installer dans le calme.
- Disposition d'esprit: sans rien vouloir, être prêt pour le Bien.
- Demeurer immobile, avoir confiance, attendre, être prêt.

Si vous vous sentez intérieurement déchiré, irrésolu ou déçu, appliquez ce que vous venez de lire. Cinq ou dix minutes d'un tel repos ne sont pas du temps perdu, mais une profonde source de puissance pour le corps et pour l'esprit. Si vous n'êtes pas encore capable de rester tranquillement assis, commencez par une promenade. Il pleut? Ce n'est pas une raison! Vous n'avez qu'à vous y faire! Empoignez un parapluie et sortez! Éprouvez le contact avec votre moi le plus élevé qui est le véritable foyer de l'homme. La pluie, toute la nature, l'homme lui-même n'en sont que des parties devenues visibles. Vous êtes certainement d'accord avec moi, mais le savoir est insuffisant. Il faut le faire!

PHRASE-GUIDE:

Apprenez à éprouver un sentiment de calme grâce à l'art noble, à la nature ou aux exercices pratiques.

2. Exercices de relaxation et training autogène

Il est facile de programmer les exercices pratiques qui suivent dans la routine de tous les jours. Consacrez-y quotidiennement un quart d'heure. Non, non pas quinze minutes pour chaque méthode. Ce n'est pratiquement pas possible. Par exemple, vous pouvez commencer par le Yoga-Nidra lorsque votre relaxation et votre concentration sont devenues normales. Chaque exercice proposé ici amplifie les précédents et conduit au suivant. Ainsi, commencez par vous exercer pendant quinze minutes à la relaxation. Plus tard, vous le remplacerez par quinze minutes de concentration, de prière ou de méditation.

La relaxation sert l'équilibre du corps et de l'esprit. Elle compense l'activité de toutes les fonctions corporelles. Nécessaire à la vie, la tension a ses limites. Elle doit être compensée par la relaxation. La relaxation est nécessaire, le repos est un élixir de vie.

Ce n'est que dans un état de détente que toutes les fonctions du corps retrouvent leur activité normale. La faculté de se détendre est un attribut nécessaire pour être en bonne santé et pour le rester. C'est par cette faculté que nous devons commencer si nous voulons devenir des individus aptes à la vie et pleins de vitalité, dont la personnalité rayonne à cause de leur certitude spirituelle et morale et qui attirent le succès. Et pour trouver une vraie détente, nous devons constamment nous détacher de la fièvre de la vie quotidienne et de nos désirs toujours exagérés. Le sentiment et la pensée ont tout autant besoin de détente que le corps physique. Sans relaxation, tout homme se trouve plongé dans la détresse morale, spirituelle et corporelle.

À cet égard, on a effectué des recherches en tous genres. On a à sa disposition de très nombreuses mesures de l'état musculaire, des complications vasculaires, de la respiration, du rythme cardiaque et des courants du cerveau. Elles traduisent ce qui se passe dans le corps. Mais laissons tout cela à la science. Ce qui importe pour nous, c'est l'effet que nous éprouvons.

Vous pouvez être assuré d'une réussite parfaite et rapide si vous savez que la relaxation est *une affaire complètement naturelle et inoffensive*. Dites-vous: je me laisse sombrer avec confiance dans l'ordre et l'harmonie qui englobent tout. C'est la meilleure manière de se mettre à l'unisson.

Si, au début, vous deviez éprouver une certaine difficulté à vous y mettre, n'en soyez pas irrité. Ce n'est que passager. Chez certaines personnes, lorsqu'elles connaissent cette expérience nouvelle d'une détente consciente et orientée, on assiste à une certaine tension initiale. Celle-ci se relâchera automatiquement.

Il y a deux manières principales de procéder. Ou l'intéressé participe activement à l'exercice en se plaçant par sa pensée et par sa disposition d'esprit dans la situation telle qu'elle doit être dénouée, ou bien il s'abandonne passivement à la relaxation en écoutant attentivement à voix d'un thérapeute (sur une bande magnétique).

En général, des effets corporels décelables se manifestent très rapidement. Tandis que la tension se relâche dans les muscles, on éprouve un sentiment de pesanteur et la dilatation des vaisseaux sanguins donne une impression de chaleur.

À la longue, on surmontera les éventuelles difficultés du début. Toute la peine qu'on s'est donnée sera récompensée. Au bout de quelque temps d'exercice, la réaction se produira en quelques secondes.

Exercice pratique de relaxation profonde

- On recommande, au début, de s'exercer couché. Il faut desserrer les vêtements qui gênent, et le cas échéant, enlever les lunettes. La position doit être agréable, et celui qui s'exerce doit ressentir une impression de chaleur.
- Celui qui croit que cela peut l'aider doit commencer par contracter toute sa musculature, puis la relâcher et s'abandonner immédiatement et pleinement à la détente.
- Le sujet doit éprouver une libératon totale du corps, des sentiments et des pensées.

Vérifiez maintenant si votre corps est bien détendu. Commencez par les pieds. Pensez à chaque partie du corps en l'observant, en ramenant toujours vos pensées à : détendu, relâché, lâche, chaud, lourd. Concrètement :

- Les pieds sont détendus.
- Les chevilles sont tout à fait lâches.
- Les mollets sont détendus.
- La région du genou est chaude et détendue.
- La cuisse et toute la jambe sont lourdes.
- La région de la hanche est lâche.
- La région du ventre est détendue.
- Les muscles du dos sont souples et relâchés.
- Toute la cage thoracique est détendue.
- Le cœur bat normalement.
- La respiration est fluide.
- La région des épaules est lâche.

- La nuque est complètement détendue.
- Le cou est relâché.
- Le menton est complètement lâche.
- Les oreilles sont relâchées.
- Les muscles de la face sont détendus.
- La peau de la tête est détendue.

On a ainsi passé le corps en revue, des pieds à la tête. Recommencez alors encore une fois tout l'exercice, en commençant cette fois-ci par les doigts, à nouveau jusqu'à la tête. L'exercice se déroule alors comme suit:

- Les doigts sont relâchés.
- Les mains sont lâches.
- Les poignets sont complètement lâches.
- Les avant-bras sont détendus.
- Les articulations des coudes sont chaudes et relâchées.
- La partie supérieure du bras et le bras tout entier sont lourds.
- La région des épaules est lâche.
- La nuque est complètement détendue.
- Le cou est relâché.
- Le menton est complètement lâche.
- Les oreilles sont relâchées.
- Les muscles de la face sont détendus.
- La peau de la tête est détendue.

Il est bon que les épaules, la nuque, le cou, le visage et toute la tête soient contrôlées deux fois car ici, les tensions ont plus de mal à se relâcher. On observera, c'est-à-dire qu'on le ressentira dans son corps, combien les tensions locales disparaissent.

Ensuite, les pensées se portent vers l'intérieur. Toutes les fonctions sont vouées à la régularité. Ce «relâchement» plein de confiance nous entraîne encore plus en nous-même dans le domaine moral et spirituel.

Après la vérification d'usage de la détente corporelle, voici un projet de relaxation profonde.

- Toutes les fonctions internes sont parfaitement ordonnées.
- Une harmonie absolue domine.
- Je me sens plongé dans la pesanteur.
- Le bien-être emplit toute ma personne.
- Confiance…
- Satisfaction…
- Force…
- Joie…
- Paix…

Des sensations aussi positives ne sont généralement pas présentes au début de l'exercice, mais on commence tout d'abord par y aspirer. Plus tard, vous comprendrez la raison pour laquelle, en y pensant, ces choses se présentent comme des faits dans la conscience. Cet exercice vous transporte de l'apaisement du corps physique au sentiment de la paix morale et spirituelle.

Si on ne s'est pas endormi et si on veut mettre un terme à cet intermède de repos, il faut que la «reprise» s'ensuive. Cela signifie la cessation des sensations suggérées, de la manière suivante: respirer plusieurs fois profondément de façon consciente, étendre et étirer complètement le corps, puis ouvrir les yeux. Ainsi, l'exercice se termine.

La relaxation procure divers effets. Ils vont d'un bien-être accru, à un sentiment d'accomplissement, d'une profusion d'idées, d'un renforcement moral à la cessation et à la disparition des maux corporels.

Cependant, la valeur d'un entraînement régulier, ne serait-ce que dans les minutes qui précèdent le sommeil, se manifeste beaucoup plus profondément. Le «relâchement» de la musculature est un exercice préalable à un relâchement général pour lequel il n'existe pas de mot dans notre vocabulaire. Le sanscrit, la langue des connaissances originelles de l'homme, l'appelle «Pratyahara». Tout homme qui veut trouver le bonheur véritable et indestructible devra l'apprendre, toujours un petit peu plus. Ainsi, nous devrions apprendre le «relâchement» depuis notre musculature externe jusqu'à notre «Moi» intérieur. Chacun doit apprendre à abandonner des choses qu'il convoite, des souhaits non exaucés, des êtres chers, et même un jour la vie. Celui qui ne le peut pas y sera forcé et il en souffrira.

La notion du relâchement a une fonction clé dans la réalisation de la puissance de la pensée. Une relaxation normale est le premier pas vers cette voie. Que celui qui veut, dans ce sens, faire passer la relaxation corporelle dans le domaine de l'esprit, commence l'exercice par les pensées suivantes:

- Je libère la notion du temps.
- Je libère la notion de l'espace.
- Je libère ma musculature.
- Je libère mon «Moi».

Le training autogène

Dans le rythme naturel de l'existence, la détente est un événement complètement normal et nécessaire. Quel triste signe de notre temps qu'il faille aujourd'hui systématiquement enseigner et apprendre la relaxation!

La technique de relaxation la plus connue, qui a des adeptes un peu partout, est le training autogène.

C'est, fondamentalement, un exercice de concentration destiné à se détendre soi-même. Ensuite, la deuxième partie, celle de la construction, propose de purs exercices de concentration par lesquels on peut atteindre un objectif déterminé par auto-motivation.

Le Dr Johannes H.SCHULTZ, spécialiste berlinois des nerfs (1884-1970) avait observé l'attitude détendue des cochers de fiacre dans le Berlin d'alors. Ceux-là connnaissaient encore la manière de se détendre. Cette manière lâche de s'asseoir, complètement détendu, en attendant le client ou en ramenant le cheval à l'écurie, sembla au professeur Schultz convenir très exactement à sa technique de relaxation. Et c'est ainsi qu'après lui, le créateur du training autogène, plusieurs thérapeutes enseignent encore «l'assiette du cocher de fiacre».

C'est très facile à réaliser: vous vous asseyez sur une chaise et vous placez confortablement les pieds l'un contre l'autre à une certaine distance, vous appuyez les coudes sur les cuisses, et vous fléchissez légèrement le haut du corps et la tête. C'est tout.

Le débutant s'exercera couché. Il faut défaire la cravate et la ceinture. Les exercices de relaxation mènent à la possibilité de pouvoir se détendre plus tard dans n'importe quelle position en l'espace de quelques minutes avec ces simples formules:

• Lâche, tout à fait lâche…
• Je suis complètement détendu.

La question est de savoir comment on y arrive. La réponse: uniquement par l'exercice.

Dans la méthode de training autogène, on conseille de commencer en se limitant aux exercices de pesanteur et de chaleur, et ne passer aux autres exercices qu'après avoir acquis une certaine expérience.

Pourquoi s'automotiver vers la pesanteur et la chaleur? Le relâchement de la musculature est en parfaite concordance avec la sensation de lourdeur corporelle. Si l'individu ressent la relaxation de ses muscles, il en prend conscience par une sensation de pesanteur. Il n'est pas facile de se représenter des fibres musculaires relâchées. Mais la pesanteur est une notion familière. La pesanteur, nous l'avons souvent éprouvée. Nous nous souvenons d'avoir transporté de lourds coffres. Ou encore cette agréable sensation de l'assoupissement, quand nous avons l'impression que tout notre corps devient lourd. Cette représentation de la pesanteur, nous l'évoquons facilement. Nous nous rattachons à la notion de pesanteur. Nous nous suggérons la pesanteur, nous sommes un avec elle et ... nos muscles se relaxent! Alors le relâchement de la musculature s'accompagne d'une sensation de pesanteur.

C'est là un petit truc: nous nous suggérons ce qui est possible pour arriver à ce que nous voulons.

La motivation pour la chaleur se développe de façon comparable. Une dilatation agréable des vaisseaux sanguins ne peut guère s'imaginer. Par contre, nous pouvons parfaitement évoquer la sensation de chaleur en nous référant à nos souvenirs. Rappelez-vous, coment l'été dernier le chaud soleil brillait sur votre ventre nu, ou combien un bon duvet est doux, moelleux et agréable. On commence l'exercice en partant de la notion de chaleur, et cela signifie une circulation correcte dans les vaisseaux sanguins. Avoir froid au bout des doigts ou aux pieds n'est rien d'autre qu'un trouble de la circulation. Puisque les pensées ont une telle puisance, nous devons les utiliser pour duper notre corps.

De plus, il est important de vous en tenir à la formulation conseillée: «Je suis complètement calme», et non: «C'est calme». Cela signifie que mon Moi, mon moi intérieur est calme. Cela n'implique absolument pas que c'est calme dehors. Là un camion passe, des enfants jouent, le voisin tond sa pelouse. Pendant notre exercice, tout cela se passe entièrement hors de nos sensations. Car je puis être calme, même s'il y a du vacarme autour de moi.

Rien que de faire cet exercice est déjà très important. Il nous apporte en temps voulu cet état d'âme: «Je suis calme». Le monde peut sombrer dans la folie. Cela ne me dérange pas. Je suis calme au-dedans de moi.

Pour pratiquer l'exercice, nous préférons une position qui vous soit agréable: asseyez-vous ou couchez-vous confortablement. S'exercer au début avec un thérapeute est très indiqué. Apprêtez-vous au calme, à la détente concentrative.

Chacune des formules d'exercice qui suivent doit être, le cas échéant, répétée six fois (en pensée, pas en paroles) et la formule «du calme» une seule fois. Exercez-vous pendant quelques jours pour chaque formule avant de passer à la suivante. Ensuite, vous pourrez passer aux formules concises.

Formule de l'exercice de pesanteur

• Mon bras droit est très lourd	6 fois
• Je suis tout à fait calme	1 fois
• Mon bras gauche est très lourd!	6 fois
• Je suis tout à fait calme	1 fois

• Ma jambe droite est très lourde	6 fois
• Je suis tout à fait calme	1 fois
• Ma jambe gauche est très lourde	6 fois
• Je suis tout à fait calme	1 fois

Plus tard, on passe à la formule concise :

• Mes bras sont lourds	6 fois
• Je suis calme	1 fois
• Mes jambes sont lourdes	6 fois
• Je suis calme	1 fois

Plus tard encore :

• Bras et jambes sont lourds...
• Calme.

Encore plus tard :

Lourdeur — calme.

Formule de l'exercice de chaleur

• Mon bras droit est complètement chaud	6 fois
• Je suis tout à fait calme	1 fois
• Mon bras gauche est complètement chaud	6 fois

• Je suis tout à fait calme	1 fois
• Ma jambe droite est complètement chaude	6 fois
• Je suis tout à fait calme	1 fois

Plus tard : abrégez la formule comme pour la pesanteur

Formule de l'exercice du coeur

| • Le coeur bat normalement | 6 fois |
| • Je suis tout à fait calme | 1 fois |

Plus tard :

• Battements de coeur normaux — calme.

Formule de l'exercice respiratoire

| • La respiration est fluide et régulière | 6 fois |
| • Je suis complètement calme | 1 fois |

Plus tard :

• Je respire — Calme

Formule de l'exercice du plexus solaire

- Le plexus rayonne de chaleur   6 fois
- Je suis tout à fait calme   1 fois

Plus tard :

- Plexus solaire rayonnant de chaleur — Calme.

Formule de l'exercice du front

- Mon front est agréablement frais   6 fois
- Je suis tout à fait calme   1 fois

Plus tard :

- Front agréablement frais — Calme.

Après chaque exercice suit la «reprise». Si l'intéressé s'est endormi, elle est superflue. La reprise sert, comme on l'a déjà dit, à abolir les sensations suggérées. Le mieux, c'est d'utiliser également une formule pour la reprise.

Formule de la reprise :

- Respirez profondément   Respirez consciemment deux fois à fond.
- Les bras raides   On serre les mains en forme de poing, on fléchit et on étend les bras.
- Les yeux ouverts   Maintenant, ils sont frais et reposés

Ensemble des formules condensées de tous les exercices

- Pesanteur.
- Chaleur.
- Battements de coeur normaux.
- Je respire.
- Plexus solaire rayonnant de chaleur.
- Front agréablement frais.
- Respirer profondément, bras raides, yeux ouverts!

Celui qui s'intéresse plus particulièrement au training autogène pourra se référer à l'ouvrage original du professeur Dr Johannes H. SCHULTZ *Das autogene Training*, Éditions Georg Thieme, Stuttgart, 15, Édition l976. On trouvera aussi, plus brièvement, un bon résumé d'une forme modifiée du training autogène dans le livre du Dr Urs OBERLIN *Ihr Siegüber den Stress*, aux Éditions Ariston, Genève, 1981.

Pour ma propre pratique, je préfère l'«exercice pratique de relaxation profonde» du yoga classique, décrit au début de cette section. J'ai pu constater que cet exercice de relaxation profonde peut être plus facilement pratiqué quotidiennement par la plupart de ceux qui cherchent conseil et assistance, et qu'il les mène ainsi plus facilement au but.

PHRASE CLÉ

Les exercices de relaxation conduisent à la régénération corporelle. Ils sont le premier par vers la «libération» qui aidera à vaincre les soucis et la souffrance.

3. Exercices de concentration et training autogène

L'entraînement autogène est une méthode «d'auto-relaxation concentrative». On a déjà parlé de la relaxation. Quel profit peut-on retirer de la partie «concentration»?

Les premières expériences, qui sont aussi les plus simples, sont de la plus haute importance. Celui qui se livre à l'exercice éprouvera des sensations de pesanteur et de chaleur. Et même si vous ne les éprouvez que dans une seule partie du corps, c'est une expérience extraordinairement importante. Appréciez-en la valeur comme un jalon sur votre route.

Mieux encore: le fait d'avoir remarqué que votre bras droit ou votre bras gauche, ou vos jambes, ou peut-être tout le corps, s'alourdissaient peut changer toute votre vie. Cette expérience peut orienter toute votre existence en bien. Oui, c'est ainsi!

Car vous vous êtes prouvé cette affirmation: «Je peux influencer mon corps par la force de ma pensée». Si cela est possible, alors on doit pouvoir obtenir encore bien davantage. Vous avez découvert que vos pensées sont une force. À partir de maintenant, utilisez-la pour votre santé et pour un meilleur avenir.

Soyez très conscient de ceci: «En fait, par le seul pouvoir de ma pensée, je perçois la pesanteur et la chaleur. Ainsi, ma pensée a provoqué cette sensation dans mon corps. N'est-ce pas fantastique? Ainsi, ma pensée peut transmettre des ordres à mon système nerveux végétatif. J'ai suggéré à mon bras droit le contenu de mes pensées, donc c'est également possible en ce qui concerne toute autre partie du corps. Je guide mes suggestions vers mes reins, mon cerveau, mon foie, mes glandes, mes genoux, mon coeur. J'ai suggéré à mon système nerveux végétatif le rythme cardiaque qui convient.»

En fait, dans d'innombrables cas où les médicaments n'avaient pas pu améliorer un rythme cardiaque défectueux, les exercices de concentration basés sur la relaxation ont provoqué le retour à la normale souhaité. Des effets tout aussi surprenants peuvent être obtenus dans le domaine moral et caractériel. Dans le monde entier, il y a des gens qui ont pu se défaire de leur gêne et de leur timidité grâce à une discipline conséquente et un entraînement systématique, et qui ont développé une personnalité exceptionnelle. Sur la base de la découverte et de la réalisation de soi, ces gens se sont façonné une pensée positive pleine de décision.

Le professeur J.H. SCHULTZ, comme il l'a déclaré lui-même, a voulu que «le training autogène» soit interprété comme *un exercice systématique développé (gène = devenir) par soi-même (auto) et qui façonne le moi.*

C'est une magnifique explication. Le «Moi» connaît, par exemple, le bon rythme cardiaque et aussi la destinée de l'homme. Le Moi est la substance spirituelle originelle de l'existence humaine. Celui qui atteint le calme de la relaxation trouve l'accès à son Moi. Ce n'est qu'en liaison avec son Moi qu'on peut se motiver correctement. Comme on l'a déjà dit, ces processus ont des effets bio-physiques. C'est là un savoir qui a toujours été connu et utilisé dans les techniques de développement de la personnalité développées en Extrême-Orient. Le mérite du professeur J.H. SCHULTZ est de nous avoir aussi ouvert la voie de ces expériences à nous, gens de l'Occident.

Il n'y a pas si longtemps, la médecine occidentale estimait toujours que le système nerveux végétatif, c'est-à-dire le système nerveux autonome et spontané, ne pouvait pas être influencé par la volonté. (C'est lui qui détermine les fonctions corporelles comme les battements du coeur, la respiration, la digestion, etc.) Par contre, les médecins progressistes disent aujourd'hui: «Le système nerveux végétatif ne peut pas être influencé *directement* par la volonté, mais bien *indirectement.* L'expérience et l'observation ont montré que la pensée orientée, lorsqu'elle est pratiquée durablement et intensément, constitue le moyen d'une telle influence indirecte.

Cela repose sur les données bio-physiques et aussi énergétiques de notre essence humaine dont il a déjà été question. Les processus énergétiques créent la liaison entre notre pensée et notre corps physique. Ce que nous mettons en mouvement au moyen de l'énergie mue par notre pensée n'est pas chimérique mais conduit réellement à une commutation dans le système nerveux avec d'importants effets somatiques. Si nous dirigeons notre pensée vers la solution d'un problème moral, nous obtiendrons de la même façon des effets impressionnants, fréquents et même bouleversants.

N'oubliez pas que la première condition est la détente, le «relâchement». Seul celui qui est libéré de toute déviation peut se replier sur lui-même et arriver à la véritable concentration. Des mesures ont démontré que la valeur énergétique de la pensée est d'autant plus forte que la concentration est plus grande. L'effet de la pensée est ainsi en relation avec son intensité, avec la puissance de la concentration. Et celle-ci dépend à son tour de la manière dont l'intéressé a su rejeter toutes les influences perturbatrices. C'est pourquoi la concentration n'est pas possible sans la condition préalable de la relaxation et du relâchement.

Je ne veux pas dire par là que vous devez attendre pour vous entraîner d'avoir parfaitement maîtrisé la technique de la relaxation. Vous devez plutôt recommencer toujours à vous exercer consciemment à la relaxation pour développer une authenticité de plus en plus grande et une amélioration constante. De plus, pour l'instant, ces exercices vous apporteront de toute manière un apaisement et une force bienfaisante.

Exercices pratiques

Je sais très bien à quel point il est difficile de contrôler ses pensées. Le but que vous pouvez atteindre à l'aide de cet entraînement est précisément d'y arriver. Et vous serez totalement motivé à cet égard si vous ne perdez pas cette réalité des yeux : «Sans le contrôle de ses pensées, l'homme ne sera jamais maître de son «Moi», il ne sera jamais maître de son existence et il ne connaître pas la réussite de tous les jours.»

Au début, vous chasserez les pensées les plus diverses comme des mouches importunes. Mais une fois que vous vous serez consacré consciemment à l'exercice, laissez volontairement les pensées se libérer et revenir à votre centre. Se concentrer complètement pendant une ou deux minutes au cours d'un exercice de dix minutes est déjà un très bon résultat pour un débutant.

Croyez-moi : la digression des pensées est le grand problème initial pour tous ceux qui pratiquent cet exercice. Il en va ainsi pour chacun de nous. C'est pourquoi, ne vous laissez pas décourager. Si d'autres y sont arrivés, vous devez aussi pouvoir réussir. Après trois ou quatre de ces pensées égarées (peut-être reliées entre elles), vous commencerez à prendre conscience de la déviation. Ne vous fâchez pas pour autant. Revenez-en tout simplement au point où vous avez perdu votre concentration, et poursuivez l'exercice. La faille se produira de moins en moins souvent. Si vous pensez positivement — à partir de maintenant, tout de suite — vous ne pouvez pas douter de votre réussite.

On connaît la méthode qui consiste à s'abandonner tout simplement aux pensées étrangères jusqu'au moment où on les aura complètement «vidées», et de revenir alors à son point de départ. Mais il faut du temps, beaucoup de temps. *Je propose les exercices suivants* :

1. La concentration s'opère le plus facilement sur des activités qui nous sont chères. Écouter

consciemment de la musique calme, détend et aide à se concentrer. Entretenir vos efforts, vos sentiments et vos pensées par la musique vous entraîne à un exercice classique de concentration.

2. Faire quelque chose, de l'artisanat ou un hobby, du bricolage, des réparations ou du jardinage est une façon simple de se concentrer sur un sujet. Toute concentration sur un sujet auquel nous nous consacrons activement est un excellent exercice qui porte des fruits précieux dans l'existence et tout particulièrement dans la vie professionnelle. Tout travail exécuté avec concentration donne les meilleurs résultats qui soient. Promettez-vous, dès maintenant, d'exécuter chaque jour quelque travail conscient en guise d'exercice de concentration.

Important: Dès que l'on s'aperçoit que les pensées vagabondent, il est utile de les ramener et de les rassembler à nouveau sur l'objectif du travail en cours. Ne vous tracassez pas si cela vous arrive. C'est normal. Poursuivez avec flegme et je vous garantis la réussite.

3. On entraîne de la même manière la puissance de la pensée à l'état de repos. Asseyez-vous ou couchez-vous et choisissez votre corps comme sujet de réflexion. Prenez conscience de votre corps, observez et éprouvez la lourdeur des jambes, du tronc, de la tête et des bras. Épiez votre respiration et les battements de votre coeur. Soyez votre propre témoin. Dès que vos pensées s'égarent, ramenez-les au point où vous pourrez poursuivre l'exercice et le terminer.

4. À partir de là, vous pourrez étendre votre entraînement à volonté. Contemplez par exemple une image ou formez-la dans vos pensées. On entend souvent parler de «méditation imaginative». Mais

ce qu'on appelle «méditation» en Occident n'est le plus souvent qu'un simple exercice de concentration. La contemplation d'une image est effectivement un excellent moyen, parfaitement approprié. Il y a beaucoup de détails à observer et auxquels on peut rattacher ses pensées. Mais en tout cas, on ne doit pas perdre la liaison avec ce qui est représenté. Cela mettrait fin à l'exercice.

Il est à conseiller, lorsqu'on contemple une image ou, plus tard, quand on s'en souvient, de progresser systématiquement. Choisissez la méthode qui convient le mieux à votre nature. Vous commencez par la limite inférieure de l'image et vous poursuivez votre observation vers le haut. Ou bien vous commencez par un centre choisi en raison de son importance, et vous faites le tour de ce point central en effectuant une spirale vers l'extérieur. De toute façon, ce centre ne se trouve pas nécessairement au milieu de l'image.

Le plus important peut se trouver à une certaine distance du centre de l'image. Pour commencer de tels exercices, choisissez plutôt des vues où l'on ne trouve que peu d'objets prédominants. Puis vous prendrez des photographies de personnes et plus tard des images contenant toujours de plus en plus de détails à observer.

5. La représentation d'une image inscrite dans la mémoire est un exercice d'une difficulté beaucoup plus considérable. Vous mettez l'image de côté, et vous vous la représentez en esprit. Commencez par des choses dont vous pouvez vous souvenir assez exactement, et complétez l'image comme dans un casse-tête. Préoccupez-vous aussi d'évoquer dans votre mémoire les plus petits détails. Lorsque vous ne pourrez pas aller plus loin, alors

seulement, reprenez l'image pour contrôler. Refaites l'exercice avec la même image jusqu'à ce que vous puissiez chaque fois vous représenter complètement toutes ses particularités.

Ensuite, vous en choisirez une autre. Laissez cependant s'écouler un certain délai entre l'observation et le souvenir: un jour, voire plusieurs jours. Lorsque vous l'aurez fait assez souvent, vous serez étonné de voir à quel point votre conscience enregistre les moindres petits détails. Vous aurez tellement bien éduqué votre attention, votre vision globale et votre mémoire que vous pourrez reconstituer en pensée, dans leurs moindres détails des gens que vous n'aurez rencontrés qu'une fois auparavant ou en face de qui vous avez été assis une fois au cours d'une négociation.

Les Japonais, qui sont très attachés à leurs traditions spirituelles, incluent de tels exercices dans leurs habitudes quotidiennes. Par exemple, ils n'attachent pas leurs images au mur, mais ils les rangent comme nous le faisons pour nos livres. Celui qui veut contempler une image la prend dans le placard, la déroule et la regarde. Ensuite, il la remet en place. Il est évident que cette manière de regarder une image est un véritable exercice de concentration. Celui qui s'entraîne de cette manière sera également capable, à un moment donné, de pouvoir réfléchir comme il convient, en se concentrant, à une tâche ou à un problème.

Au cours d'un de mes séminaires de formation, un ingénieur participant m'expliqua que, depuis des années, sa société lui avait confié la magnifique mission d'accueillir les visiteurs japonais de la firme. Après la visite, avant le repas de midi, chacun prenait en main une feuille de papier et un crayon, se retirant un peu à l'écart et prenait des notes. Ce peuple actif et assoiffé de connaissances, qui occupe aujourd'hui la deuxième place dans l'économie mondiale, avait déjà pris, avant la deuxième guerre mondiale, un essor économique inouï, comparable au réveil de la Belle au bois dormant. Avant cela, le Japon ne possédait pas une civilisation dominante, mais il avait déjà une forte culture spirituelle.

Cet ingénieur était absolument convaincu que chacun des hôtes japonais savait déjà, avant la visite, quelle partie de machine il devait enregistrer «photographiquement» en fonction des possibilités de sa mémoire. Mais encore faut-il pouvoir le faire!

L'essor du Japon a montré que la faculté de concentration est de la plus grande importance. Le pouvoir de concentration ne permet pas seulement d'enregistrer les choses de façon précise, mais aussi d'être créatif: découvrir de nouvelles possibilités et acquérir des idées. Pendant des dizaines d'années, les Japonais ont imité les découvertes des nations industrielles de l'Occident; aujourd'hui, ils occupent une place prépondérante et pleine d'idées dans la science et l'économie mondiales.

Notre tradition chrétienne connaît aussi la discipline du recueillement. Cependant, qui se soumet encore aujourd'hui à de vrais exercices religieux? Ce qui nous affaiblit, c'est de constamment nous éparpiller dans diverses directions.

Qui s'étonne du fait que la plupart des gens ne sont plus capables de rassembler leurs idées? (Et cela vaut surtout pour les écoliers). Combien nos intérêts et nos distractions sont dispersés! De plus, nous ne prenons nos distractions que fugitivement et superficiellement: en marge de notre être. Toutes ces impressions sans cesse changeantes que nous apportent la télévision, les voyages, les déplacements, le sport, la mode, le cinéma, la publicité restent fugitives elles aussi. Certaines gens ne suivent même que de loin les problèmes de la politique mondiale et de leurs intérêts familiaux et professionnels. C'est pourquoi, il convient d'être persévérant et de faire des techniques appropriées de concentration une partie importante des habitudes de vie.

Exercices de concentration du training autogène!

Pour avoir une idée globale et complète des méthodes, mentionnons également ici les méthodes que l'on apprend dans la phase constructive du training autogène.

1. Celui qui s'exerce doit se représenter une couleur quelconque dans sa phase d'immersion autogène. Le choix de la couleur peut être en rapport avec certaines propriétés caractéristiques, comme de nombreux psychotests — le test des couleurs de LÜSCHER ou le test de la pyramide des couleurs selon PFISTER — l'ont montré. Le choix de la couleur peut aussi constituer une indication des dispositions morales. On ne donnera pas ici, intentionnellement, d'autres commentaires sur la signification de telle ou telle couleur de manière à ne pas influencer vos expériences personnelles.

2. Celui qui s'exerce se donne pour tâche de voir de façon aussi plastique que possible des choses concrètes qu'il a lui-même choisies. On ferme tout simplement les yeux et on attend en «regardant à l'intérieur de soi», jusqu'à ce qu'apparaissent des images dans l'arrière-plan sombre des pau-

pières fermées: un paysage, une personne, un objet utilitaire, des plantes ou des animaux.

3. Celui qui s'exerce médite sur des notions abstraites telles que le bonheur, l'équité, la beauté, la liberté, l'harmonie, la vie, la santé, la joie, la force, le calme, la paix. Certaines personnes, et plus précisément celles qui réagissent de façon fortement sentimentale, sont capables de transformer ces notions en représentations mouvantes et colorées, parfois liées avec des impressions acoustiques. En outre, on abandonne souvent le domaine de l'allégorie et de ce qui est décrit sous forme d'image pour entrer plus avant dans le monde représentatif et symbolique. À ce stade, on pourra connaître déjà d'utiles expériences personnelles comme dans un rêve nocturne.

4. Celui qui s'exerce peut approfondir la connaissance de soi fournie par l'imagination en se posant des questions sur des thèmes tels que: «Qui suis-je?», «Quel est le sens de ma vie?», «Quels sont les motifs de mes craintes, de ma frustration, de mes soucis, de mes tensions?» Ainsi, on contrôle la réaction de ses sentiments et les rapports sentimentaux internes avec certaines situations ou avec certaines personnes. Une remémorisation multiple et intense neutralise les rapports sentimentaux négatifs, assurément pas par absence de réaction, mais par renoncement et par approfondissement du jugement.

Il existe, dans le yoga et le zen, différents exercices thématiques en rapport avec l'état de conscience de l'élève et auxquels on a attribué une importance particulière. L'élève aprend que la puissance de la pensée orientée constitue la meilleure aide au développement de la personnalité et le seul moyen de surmonter le poids des émotions accumulées et le fardeau du destin. Lorsque le spirituel l'emporte sur les émotions, nous pouvons, à l'aide de la pensée, acquérir le contrôle de notre moi troublé par les sentiments. De toute façon, je n'enseigne de tels exercices qu'en contact direct avec l'élève.

Dans ce livre, on indique la manière inoffensive, réalisable pour tous, de ne pas laisser en friche la puissance spirituelle, mais de tirer le meilleur de soi-même, pour son bien et pour celui d'autrui. C'est à cela que servent les méthodes exposées.

Retenons encore une fois: *la concentration ne s'enseigne pas, elle s'apprend par l'exercice et par de constantes répétitions.* S'asseoir droit, les jambes croisées ou repliées comme le pratiquent les élèves du zen ou du yoga, constitue surtout une aide lorsqu'on peut maintenir cette attitude à n'importe quel moment sans en souffir. Mais vous pouvez aussi vous exercer couché, sans plus. Si cela vous amène facilement à vous endormir, ce qui n'est évidemment pas souhaitable dans un exercice de concentration, vous pouvez tout aussi bien, en vous exerçant en silence, vous asseoir sur une chaise, les jambes l'une contre l'autre, l'avant-bras reposant légèrement sur les cuisses, le dos appuyé au dossier, exactement dans la position que l'on voit sur les statues de dieux égyptiens. C'est encore mieux lorsqu'on étend les jambes horizontalement: on adopte cette position lorsqu'on s'assied par terre en s'appuyant contre un mur.

Dans la pratique, il est extrêmement important — je le souligne encore une fois — de ne pas vous tracasser lorsque vos pensées s'écartent sans cesse du sujet de la concentration. Vous revenez simplement en arrière, si souvent que cela se produise.

Votre nouvelle résolution:

Chaque jour, pendant cinq ou dix minutes, je me remémore en silence une image ou une autre représentation. De plus, à partir de maintenant, je pratique chaque jour, volontairement et consciemment, un ou plusieurs exercices de concentration.

4. Exercices de technique de la pensée

Lorsque vous aurez acquis des méthodes efficaces de relaxation et de concentration — dont l'usage fructueux ne demande qu'un peu d'exercice dans la pratique quotidienne — vous ne devez pas craindre d'être entraîné dans de difficiles exercices de technique de la pensée. Les exercices que l'on trouvera ci-après sont très faciles. Mais tout d'abord, vous devez entreprendre de vous arracher aux difficultés et aux complications de votre vie que vous avez pris l'habitude de supporter.

Une mentalité confiante ne doit pas être confondue avec le comportement d'un illusionniste. Vous devez regarder en face les difficultés de votre existence et en prendre clairement conscience. Cependant, vous ne devez pas vous laisser troubler par les déceptions, la maladie, par votre lutte pour l'existence, ni par vos propres faiblesses qui compromettent votre développement lorsque vous vous laissez dominer par elles. *Ce doit être le contraire! C'est vous qui les dominerez, grâce à une pensée orientée dans ce sens.*

Utilisez votre raison pour adopter l'attitude qui convient. Il faut évidemment vous motiver selon vos aspirations.

Tout d'abord, suivez un exemple courant. Dites-vous: «J'aspire à ce qu'il y a de mieux. Celui qui, en esprit, se voit déjà en bonne santé et dans une meilleure situation, celui qui cherche sans cesse à atteindre des idéaux et des objectifs plus élevés, celui-là se trouvera un jour là où ses pensées lui ont déjà préparé la place qui lui revient. Cela vaut aussi pour moi»

Les palais de la terre sont des châteaux en Espagne. Une attitude spirituelle confiante et une pensée orientée assurent un comportement qui correspond aux buts que vous vous êtes fixés. La réalisation de n'importe quelle entreprise commence par l'imaginaire, par la fantaisie.

Ne craignez pas de ne pas atteindre vos objectifs les plus élevés. Chassez les doutes! Ce sont des boulets qui ne vous permettent pas d'aller très haut. Dites-vous: «Oui, je vais améliorer mon comportement. Je vois quelle est la meilleure attitude pour moi. Je saisis la chance qui s'offre dès que la puisance d'une pensée positivement orientée m'en donne l'occasion.»

Ne craignez pas les tâches les plus importantes. Dites-vous: «J'y arriverai. Une plus grande responsabilité augmentera mes capacités, accélérera mes progrès. Je ne la crains pas car je ne resterai pas le manoeuvre mal payé de ceux qui osent entreprendre de nouvelles tâches avec courage et décision. Le meilleur moyen d'échouer, de ne pas réussir, c'est de penser sans cesse aux difficultés possibles avant de redouter des écueils insurmontables. Non! J'utilise ma force à mettre en oeuvre les actions payantes qui me conduisent à mon but.»

Au surplus, il n'est pas nécessaire qu'une responsabilité plus importante s'accompagne de plus de difficultés, de soucis, de colères et de peines. Celui qui maîtrise la faculté de se concentrer sur son propre travail peut en fournir trois fois plus sans se fatiguer davantage. Elle multiplie sa puissance tandis que toutes ses pensées et toute sa volonté ne sont jamais dirigées que sur ce qu'il est en train de faire. Dites-vous : «J'aspire avec toute ma conscience et toute ma concentration à ce qu'il y a de mieux. Je sens croître en moi cette façon de penser.»

Fabriquez-vous une conception semblable, conforme à vos aspirations, et répétez-la chaque soir avant de vous coucher. Ou bien, si cela vous convient mieux, écrivez votre résolution et relisez-là chaque jour jusqu'au moment où ce ne sera plus nécessaire parce qu'elle sera devenue partie intégrante de votre façon de vivre. La psychologie et la parapsychologie ont clairement établi que l'activité du cerveau qui se développe consciemment par la pensée, peut aussi se manifester sur un plan inconscient, et cela, automatiquement, que nous le sachions ou pas. Ce n'est pas une utopie. Les recherches ont montré qu'il y a là une vérité qui n'est plus contestée aujourd'hui. Celui qui s'intéresse aux faits nouvellement découverts constatera que ce sont des habitudes de pensée négatives et depuis longtemps acquises qui le renferment et le limitent.

Des pessimistes invétérés, souvent récalcitrants, impatients et incompréhensifs, ne peuvent évidemment pas modifier d'un jour à l'autre leur manière de penser. Et pourtant, ils peuvent la changer. La faculté de dire oui à la vie est présente en chaque homme. Il suffit de la réveiller. Chaque homme a la possibilité d'être l'un de ceux qui seront heureux et qui réussiront à l'avenir.

Il y a des années, j'ai vécu dans ma famille une histoire de maladie. À l'hôpital, on avait dit aux enfants de cette patiente qui souffrait d'un carcinome qu'ils pouvaient la ramener à la maison pour y mourir. Il ne lui restait au plus que deux ou trois semaines à vivre. Les enfants voulurent embellir les derniers moments de leur mère, et ils la laissèrent dans son environnement habituel. La malade avait formulé intérieurement le désir d'assister encore à la naissance et au baptême de son premier petit-enfant…Son désir suivant fut de pouvoir assister à la première communion de son fils. Elle vécut encore douze ans, sans être alitée, avant de mourir de sa vieille maladie.

Se sortir de l'abîme ne représente que la moitié du chemin. Ensuite, il faut encore se hisser dans la confiance.

Pour m'éclairer sur le sens profond de la pensée positive, mon professeur indien m'a raconté l'histoire suivante :

«Depuis longtemps, le pays n'avait plus eu de pluie. Les fleuves étaient à sec, la terre était craquelée, les semences séchaient et se gâtaient. En raison de cette situation, on appela les habitants du village à un service religieux. On allait prier pour obtenir la pluie. Et…un enfant emporta son parapluie.»

Intuitivement, cet enfant s'était placé dans la bonne disposition d'esprit. C'était cela que signifiait ce conte. Mais nous, les adultes, qui en savons tellement sur les difficultés et les dangers, nous devons commencer par réapprendre cette attitude inconditionnellement confiante.

Je me souviens d'une promenade avec des connaissances dans la plus belle partie résidentielle de notre ville. Et nous nous disions entre nous combien il devait être agréable de vivre là. Mais quelqu'un souligna en même temps que toutes ces maisons étaient des possessions familiales et que si l'une d'entre elles devenait libre, il était peu vraisemblable que nous en soyons aussitôt avisés. J'ai dit alors: «Mais, par Dieu, rien n'est impossible!» Trois ans plus tard, j'habitais dans cette rue.

Celui qui vit dans une petite habitation avec un minuscule balcon où l'on fait pendre le linge à sécher, celui qui doit supporter la vue des voies ferrées et le bruit d'une autoroute et qui se sent bien là où il est, qui s'y sent chez lui, celui-là n'a pas besoin de changement. Pour lui, le monde est en ordre. Mais si vous n'êtes pas satisfait de l'endroit où vous habitez, alors, il faut déménager. Vous me demandez où? Eh bien, là où cela vous plaît. Ce n'est pas réalisable? On ne trouve pas? C'est trop cher? Erreur! Ayez le courage de penser à un beau foyer qui vous convienne parfaitement. Imaginez-vous en train d'y vivre et scrutez les alentours. Votre recherche ne sera pas longue.

Tous ceux qui ont atteint leurs objectifs vous diront qu'un beau jour, l'idée leur est venue et qu'ils l'ont ensuite transformée en réalité. *On doit avoir le courage d'avoir des pensées neuves, différentes et grandioses.*

Pour tous ceux qui aiment la clarté mathématique, voici — en faisant un détour par l'«Algèbre de l'Esprit» — trois équations au choix, insolites mais correctes. Laquelle choisissez-vous?

- Pensée (Idée, Souhait) + fait = résultat.
- Pensée positive + fait puissant = résultat assuré.

- Bonne pensée positive + fait puissant et dynamique = bon résultat assuré.

L'histoire est pleine d'exemples d'hommes et de femmes célèbres qui ont réalisé des idées que d'autres tenaient pour impossibles ou irréalisables. Toute leur pensée était entièrement orientée vers leur idée, avec une totale conviction et une constante initiative.

J'ai découvert par hasard dans un pauvre petit village du Valais la petite maison de bois dans laquelle était né César RITZ. Le jeune garçon de la cabane de bois allait construire plus tard les plus beaux hôtels du monde. Les rois et les principaux personnages de l'époque y furent ses hôtes. Mais avant que ces hôtels de luxe aient été édifiés à Paris, sur la Côte d'Azur et dans les lieux les plus enchanteurs du monde, ils existaient déjà dans son imagination comme il devait lui-même le reconnaître.

Les ancêtres de Jacob FUGGER étaient des paysans, et son père était tisserand. Il inaugura avec son frère un commerce de confection, et il l'étendit à tous les pays de la chrétienté. Ses chariots bâchés parcoururent la France, la Hongrie, la Scandinavie et la Russie, et bientôt, ils ne transportèrent plus seulement des produits textiles. Jacob Fugger devint l'homme le plus riche de son temps, les Fugger furent les banquiers des princes et des rois de toute l'Europe, de l'empereur et des papes. Jacob Fugger fonda à Augsbourg une institution d'assistance sociale de grande envergure. Il bâtit — au commencement du XVIe siècle — la première colonie sociale comprenant 106 maisons, une église, une école et un hôpital.

Tout aussi impressionnante est l'histoire de Thomas Alva EDISON. C'est le plus grand inventeur d'Amérique. Cependant, il n'aurait passé en tout que trois mois à l'école. Son institutrice tenait le garçon pour arriéré, et elle demanda à la mère de le retirer de l'école à cause du fait que les autres enfants le taquinaient et que cela troublait la classe. La mère, une dévote quakeresse, était profondément convaincue que son fils avait quelque chose de divin et que, comme tel, il participait aux idées et à la sagesse de Dieu. C'est sur cette base que le fils grandit et il développa lui-même, dans sa jeunesse, un vaste savoir. Encore petit garçon, il s'était installé un laboratoire qu'il avait payé avec l'argent qu'il gagnait comme porteur de journaux.

Il devait à sa mère d'avoir acquis un comportement fondamentalement positif. On raconte de lui qu'après de nombreux échecs dans l'élaboration d'un nouveau projet, il avait fait confiance à ses collaborateurs et les avait encouragés en déclarant : «Ce n'est pas un échec! Nous avons fait un grand pas dans la voie de la réussite. Nous sommes tout près de la solution, car maintenant, nous sommes parfaitement conscients de la manière dont on ne peut pas y arriver.»

Mettez vos enfants sur la bonne route. Si votre enfant a un plan, une idée, un espoir, approuvez-le. Il ne faut pas dépeindre les dangers, compter les difficultés. Lorsque les problèmes se présenteront, il sera bien assez tôt pour aider à les surmonter.

Celui qui veut venir à bout de son destin ne doit pas attendre une aide extérieure. Nous devons assurer notre propre auto-régulation spirituelle et morale. Une patiente qui l'avait compris et qui avait retrouvé la santé se voyait très clairement et très réalistement dans le futur. Elle me dit: «Mes dépressions m'ont conduit auprès de professeurs connus et de docteurs miracle auxquels je demandais de l'aide. J'espérais aussi trouver un remède miracle. Jusqu'au moment où j'ai compris que je ne devais m'en remettre qu'à moi-même. Aujourd'hui, je suis pleine de confiance et de santé quoique mon lourd destin n'ait pas changé. »

Si vous ne pouvez pas vous convaincre de la réussite d'un projet, si des pensées contraires vous reviennent sans cesse et si tous vos efforts ne portent véritablement aucun fruit, vous devriez réexaminer encore une fois toute l'affaire à fond, et probablement l'abandonner. Si vous découvrez que votre plan fait constamment et automatiquement l'objet de doutes, considérez cela comme un signe : ce que vous essayez de faire ne vous convient pas et ne réussira pas. Nous nous trouvons là devant la pensée positive de l'abandon, *de sorte que vous puissiez consacrer votre énergie à un nouvel objectif.*

Les fondements optimistes de votre pensée doivent être établis et assurés de manière à exclure toutes les influences négatives. Cela signifie que vous devez prendre vos distances de connaissances, de parents et d'amis qui doutent de tout, qui se montrent jaloux ou destructifs à l'égard de vos vues et de vos actes. Ils apportent une mauvaise semence mentale dans votre espace vital. Bien entendu, vous ne pouvez pas vous écarter de tous ceux qui sont ainsi, que ce soit dans votre vie professionnelle ou dans votre vie familiale. Dans un tel cas, la force de votre propre pensée doit être assez vive pour dissoudre les suggestions négatives qui viennent des autres.

D'une certaine manière, votre propre force spirituelle est une barrière de protection. Sur la base solide de vos propres pensées positives, les suggestions ou les attaques négatives des tiers ne peuvent pas vous atteindre ni vous affaiblir. D'ailleurs, celles-ci ne procèdent pas nécessairement de mauvaises intentions. L'influence destructrice n'est peut-être que l'expression de quelqu'un qui est craintif. Mais elle n'en est pas moins dangereuse, car *les pensées négatives ont un effet négatif.*

Ceux qui enseignent cette nouvelle conscience spirituelle insistent constamment sur le fait qu'il ne faut discuter avec personne de ses idées et de ses projets d'avenir, si ce n'est avec ceux qui doivent y participer directement. Sans quoi, on se trouvera devant de trop nombreuses perturbations. Être trop bavard ne peut que créer des problèmes ou, dans le pire des cas, tout démolir.

Les causes de perturbation de l'organisme qui conduisent à la maladie ne sont pas uniquement dues à son propre désordre moral et spirituel ou à des charges insupportables. D'autres personnes peuvent nous faire du tort à cause de leurs bavardages nocifs, de leur conduite ou même à cause de leurs pensées si nous ne sommes pas assez forts pour les repousser.

Dans toute la mesure du possible, on ne devrait pas parler de maladies. Si quelqu'un est malade, les membres de sa famille et les gens de son entourage immédiat peuvent faire beaucoup plus pour sa guérison avec des pensées positives qu'avec des discussions sans fin qui aboutissent le plus souvent à l'extériorisation des pires craintes et des lamentations importunes par lesquelles s'expriment les pensées négatives destructrices. Penser positivement, dans ces circonstances, revient à souhaiter ardemment la guérison et être profondément convaincu qu'elle se produira. De telles pensées n'influencent pas seulement favorablement de façon directe les cellules du corps mais elles engendrent aussi *les bases de la guérison anticipée par l'âme et par l'esprit.* La pensée positive crée des ponts vers ce qui est bien, ne serait-ce qu'en envoyant le malade vers le seul médecin qui lui convienne, celui qui établira un diagnostic exact, qui connaît la thérapeutique salvatrice et qui l'applique.

Cela ne signifie pas que nous soyons préservés de toute souffrance. Chacun de nous connaît des expériences décevantes ou bouleversantes. Mais même un événement extrêmement pénible nous est utile, car il nous donne de l'expérience et toute expérience est précieuse. Par elle, nous apprenons, par elle, nous nous développons. Il existe, nous le savons tous, beaucoup de gens que l'expérience de la souffrance a transcendés au-delà d'eux-mêmes. Les soucis et la souffrance sont aussi des *valeurs* d'expérience. Lorsque nous comprenons ceci au fond de notre conscience, nous nous réconcilions avec la vie et nous trouvons la force d'envisager notre avenir avec courage et confiance et de le refaçonner.

Il y a beaucoup trop de gens craintifs et qui ne cessent de douter. Pourquoi ne commencent-ils pas une nouvelle vie grâce aux méthodes simples mais efficaces qui sont à notre disposition? Parce qu'ils ne les connaissent pas! Vous, vous ne pouvez plus le dire. Alors, changez votre vie! À partir de maintenant et pour toujours.

Un bon exercice consiste, pendant quelques jours, à se rendre consciemment compte de ce que l'on pense et dit et à exprimer le même contenu sous un aspect positif: *Chaque pensée négative, chaque phrase négative que l'on a au bout de la langue doivent être transformées en une formulation positive dès qu'on en prend conscience.* Avec un peu de contrôle de soi, cela va très bien. Au début, tant en pensées qu'en paroles, il ne s'agit que des choses superficielles dites avec assurance, mais progressivement, les formules positives entraînent un contenu plus profond et leur vraie signification. Finalement, elles seront pleines de conviction. L'action procède de la pure intelligence, mais elle atteint bientôt les profondeurs de la conscience et même des sentiments.

Connaissez-vous la typique explication de la différence entre un pessimiste et un optimiste? Le pessimiste dit: «Ce verre est déjà à moitié vide» alors que l'optimiste dira: «Ce verre est encore à motié plein.» La manière de voir de l'un et de l'autre — entendez par là l'aspect futur — est très différente. Le premier n'a plus que peu à boire, le second encore beaucoup. Et pourtant, dans le verre, il s'agit exactement de la même motié.

Cet exemple nous permet de reconnaître parfaitement les promesses d'avenir de nos pensées présentes. Ce que nous pensons aujourd'hui s'accomplit demain. Soyons plus précis: *Ce que nous pensons jour après jour s'accomplit dans le futur.*

Celui qui, par exemple, arrive à son travail le lundi matin et dit d'un ton geignard: «Il me faut une fois de plus parcourir cette étape de cinq jours!» devrait transformer sa phrase et dire à ses collègues: «Attaquons sportivement cette course de cinq jours!» Soyez honnête: comment vous sentiriez-vous si vous n'aviez pas à travailler ou si vous ne le pouviez pas. Et même à part cela, vu de façon optimiste, le côté pénible de votre travail vous semblera beaucoup moins dur.

Chacun peut acquérir la technique qui permet de penser correctement. Chacun peut trouver constamment sur sa route des moyens d'assistance. Cette aide, il faut la reconnaître, la saisir, l'utiliser. Ainsi, par exemple, j'ai lu l'histoire d'un maharadjah qui avait convoqué les sages de son pays pour leur confier une mission: ils devaient trouver une phrase, suffisamment courte pour pouvoir être gravée à l'intérieur d'un anneau, qui puisse s'appliquer à toutes les situations de l'existence, tant dans la joie que dans la peine. Les sages se consultèrent, et l'un deux trouva la solution: «Tout passe.»

Cette petite phrase discrète m'a été d'un grand secours. Elle est gravée aujourd'hui à l'intérieur de mon anneau. Que de fois n'y ai-je pas pensé dans des moments difficiles, et que de fois ne m'a-t-elle pas aidé à surmonter des situations tendues?

Une patiente m'a raconté qu'elle avait un jour entendu à la radio un mot de GOETHE: «Ni baguette de sourcier, ni mandragore…Ce qui agit le mieux, c'est la bonne humeur.» À partir de ce jour, elle se le répéta dix fois tous les matins. Et elle me dit avec enthousiasme: «…et je suis devenue une toute autre femme.»

S'ils s'accompagnent d'une disposition d'esprit pleine de confiance, les exercices appropriés de technique de la pensée entraîneront rapidement des succès visibles. La même méthode vaut pour tous les objectifs que l'on poursuit, qu'il s'agisse de la santé, de l'avancement professionnel, du développement de sa personnalité ou de l'heureuse influence que l'on a sur les autres.

Le but premier doit être exprimé par une formule. Dans la mesure du possible, celle-ci doit être courte. Ne faites pas trop de phrases, mais dans chacune d'elles, il faudrait autant de sens que possible. Faites attention au rythme et à la sonorité pour que votre phrase soit facile à répéter. La forme versifiée est très appropriée. Mais ce ne doit pas être une oeuvre d'art: elle est seulement destinée à votre usage personnel.

Apprenez cette maxime par coeur, et répétez-vous la sans cesse, particulièrement avant de vous endormir, mais aussi pendant vos promenades, en voiture, en faisant la vaisselle...simplement chaque fois qu'elle vous vient en tête. Votre phrase directrice doit devenir une rengaine (ce que les Bavarois appellent «Ohrwurm», un ver d'oreille). Pensez-y dans les moments où vous vous sentez bien. Vous acquerrez ainsi de la confiance et de la sécurité, et vous y gagnerez ce que l'on pourrait appeler une assurance contre la détresse: votre maxime vous viendra d'autant plus facilement à l'esprit au moment où vous en aurez besoin pour vous soutenir.

Il y a de bonnes raisons pour que nous soyons soutenus par de telles formules de pensée. Tout d'abord, les possibilités de fonctionnement du mécanisme d'action précédemment décrit doivent logiquement vous éclairer. Et ainsi, vous constaterez comment le comportement spirituel est ancré dans votre conscience, comment il détruit des émotions préjudiciables et comment il vous entraîne dans une toute nouvelle disposition d'esprit. Un jour, ce que vous aurez acquis par l'usage d'une formule de pensée ne sera plus dissocié de votre personnalité mais sera devenu une réalité intérieure. Ce contenu fait partie de votre être et trouve son expression dans l'accomplissement de vos désirs dans la vie. Alors, nous n'aurons plus besoin de penser à ce leitmotiv parce que nous pourrons le vivre, parce que nous le vivrons.

Vous trouverez ci-après quelques exemples de *phrases directrices sous forme de formules.*

- L'énergie me parcourt tout le corps. Je me sens de plus en plus fort.
- Ma mémoire est bonne et de nouvelles idées me viennent à profusion.
- Une vraie solution complète est prête, et je la trouve.
- Conduire ma voiture avec souplesse et en toute sécurité.
- Je parle de façon claire, aimable et en toute liberté.
- La puissance du bien qui est en moi me donne la force de…(ici, vous rattachez ce qui est conforme à vos objectifs).
- Je trouve la force, la persévérance, la paix, la clarté.
- J'ai confiance. Nous sommes un couple idéal.
- Je n'ai pas de contrariétés. Mon estomac va bien.
- Je suis invulnérable à la jalousie. Je lui souhaite (à lui, à elle) tout le bien possible.
- Rassasié et content. (Au cours d'une cure d'amaigrissement.)
- Mes revenus vont rapidement, constamment et substantiellement augmenter.

Il est souhaitable d'avoir également une attitude positive sur le plan matériel. Cela est aussi valable. Les biens matériels embellissent et éclairent notre existence et celle de notre entourage si nous les utilisons de façon judicieuse.

Pour ceux qui se sentent liés à des opinions religieuses, voici quelques exemples qui leur conviennent:

- Je suis une pensée dans la conscience de Dieu. Dieu me guide vers les gens qu'il faut, vers les bons événements, vers la place qui me convient.
- La puissance de Dieu, à laquelle je participe spirituellement, s'exprime à travers moi. Je suis en bonne santé. Je suis maître de mes actes.

Des formules simples, utilisées comme «briseurs de tension» agissent miraculeusement dans des situations énervantes et difficiles. Par exemple:

- Chaque chose en son temps. (Lorsque le temps vous fait défaut).
- J'y arriverai. (Dans des moments de faiblesse).
- Tout doux. Respirons profondément. (Lorsqu'on est en colère).

Par l'exercice, vous devez prendre l'habitude de ces contrôles mentaux (et d'autres similaires) de manière à pouvoir dominer la situation lorsque c'est nécessaire.

Lorsque vous composez une formule de pensée, veillez à choisir une forme d'expression absolument positive. Jamais «je ne suis pas malade.», mais bien «je suis en bonne santé».

Penser positivement signifie ne pas douter. Il ne faut pas ouvrir la porte à toutes les pensées importunes mais considérer déjà ce que vous envisagez dans le présent comme une réalité de l'avenir. C'est pourquoi, il ne faut pas dire: «Je serai en bonne santé... un jour... Dieu sait quand... peut-être... éventuellement...» Non, absolument pas. Mais: «Je suis en bonne santé. J'y suis arrivé. Maintenant.»

Les pensées sont créatrices. Aujourd'hui, vous devez penser aux faits que vous souhaitez comme à une certitude. Demain, ils deviendront réalité.

Après l'exercice de la relaxation profonde qui comporte notamment la formule : «Toutes mes fonctions internes sont en ordre.», un participant me demanda : «Comment pourrai-je penser cela? Je sais que j'ai le foie malade.»

Ça, c'est l'obstacle. La plupart des gens, en pareil cas, ne pensent qu'à la partie malade du foie au lieu d'avoir la vision de la santé dans leur conscience et de provoquer la guérison de tout l'organe par leur pensée positive. *Penser à la maladie affaiblit nécessairement la conscience de la santé.* Ainsi s'ouvrent pour le traitement des malades et pour les soins qu'on se donne à soi-même de nouvelles possibilités insoupçonnées.

Maintenant que l'on sait que la plus grande partie des maladies doit être attribuée à des causes morales et spirituelles, nous ne devons pas avoir de mal à reconnaître que cette même partie des maladies puisse être également soignée par une «médication»morale et spirituelle. La meilleure médication pour les gens sains et pour les malades, et qui n'est pas un simple élixir de santé, mais la seule recette du bonheur et du succès, c'est la pensée positive qui agit efficacement dans notre existence à l'aide d'exercices de technique de la pensée orientée. Avez-vous déjà commencé vos exercices? Ne continuez pas simplement votre lecture après ce chapitre. Commencez à vous exercer. Maintenant, tout de suite.

À titre de directive :

Ne vous laissez pas enfermer dans de vieilles habitudes de pensée. Ouvrez-vous à l'infini des possibilités qui sommeillent en tout homme. Appliquez la «formule magique» de la puissance de la pensée à votre vie de tous les jours.

5. *La méthode du Yoga-Nidra.*

Pour tirer profit de cette méthode ordinairement développée en Inde, il suffit de consacrer chaque jour dix minutes aux exercices du Yoga-Nidra.

Le mot «*yoga*» vous trouble peut-être? Je peux vous tranquilliser: j'ai reconnu la même méthode en Allemagne sous l'appellation «exercices cognitifs de suggestion». Dans le cadre de la relaxation, des objectifs définis, fondamentaux sont désignés,présentés, pensés. Ce sont des «structures cognitives». (Cognition est un mot d'origine latine qui signifie connaissance, savoir.) J'ignore qui a déterré ce mot, beaucoup plus inoffensif et compréhensible que le mot plus élaboré, pour rendre la chose intéressante.

Pour s'exprimer en toute simplicité, on peut dire: «Prenez quelques minutes de tranquillité, et bâtissez vos châteaux de rêve.» La condition nécessaire pour pouvoir prendre une décision est de connaître une chose, un état de choses ou une relation. Cette décision prend forme (la «structure cognitive»). Dans le training autogène, cela s'appelle «formule d'intention». Dans l'antique yoga, c'est le «Sankalpa».

La formule d'intention exprimée en mots contient ce que l'on recherche. Et ce que l'on recherche est tracé de façon évidente devant le regard de l'esprit. De même que dans l'exercice de concentration, on a reconstitué une image, de même construit-on ici une vision du futur. La puissance d'imagination à laquelle on s'est exercé rend possible de former l'objectif en soi, de s'en faire une image, de se l'imaginer, c'est-à-dire d'y penser de façon constructive, plastique et colorée. Souvent l'échec d'une résolution qui est tou-

149

jours une anticipation du futur est dû au fait que le «projecteur d'idées» n'avait pas été réglé avec suffisamment de précision. Car l'effet correspond à l'intensité et à l'exactitude de la représentation. (En grec, idée signifie image).

Commencez par vous établir un plan. Le mieux est de le faire par écrit, systématiquement, qu'il s'agisse d'atteindre un objectif professionnel, ou privé et personnel. Il est recommandé de procéder comme suit:

1. Notez tout ce que vous désirez avoir, tout ce que vous souhaitez obtenir.

2. Triez les désirs d'après leur importance, et assurez-vous clairement du premier objectif à conquérir.

3. Mettez par écrit ce que vous pouvez déjà et ce que vous avez la certitude de pouvoir acquérir.

4. Triez une nouvelle fois ce qui sera utile pour atteindre votre objectif, mais doit encore être acquis, et mettez en route tout ce qui est possible: établir des contacts, s'instruire, etc.

5. Soyez toujours attentif à propos de vos intentions, poursuivez consciemment votre but. Lorsque vous vous verrez atteindre l'objectif, faites-vous en une image et réjouissez-vous d'avoir atteint le but (en pensée).

Celui qui progresse systématiquement de la sorte ne commettra pas l'erreur de s'abandonner aux chimères et de voir ainsi son vol en haute altitude se terminer en s'écrasant au sol. Ce que nous entreprenons doit avoir une certaine hauteur, mais doit demeurer dans les limites du possible. Voyez-vous vous-même, comme dans un film, marcher sainement, avec vitalité, avec confiance et avec joie vers votre but, et l'atteindre. Voyez-le comme une image, plastique et colorée, qui se trouve devant vous.

C'est ainsi que l'on atteint ce que l'on a convoité. Mais entre-temps, on a eu des aperçus de voies qui mènent à d'autres buts encore plus élevés. Et un beau jour, nous sommes devenus ce que nous n'aurions pas osé espérer être, pendant des années, dans nos rêves les plus audacieux. Chaque but atteint est le point de départ d'un nouvel objectif.

Il est évidemment possible qu'en dépit d'un comportement basé sur la confiance, en dépit de nos plus grands efforts et d'une pensée orientée, tout ne se déroule pas sans accrocs. Il peut même se passer des choses que nous trouvons malheureuses. Dans ce cas, nous devons garder à l'esprit qu'un malheur peut porter en lui la semence de quelque chose de meilleur. Que de fois, en regardant en arrière, ne constatons-nous pas qu'un soi-disant malheur a été l'impulsion et le tournant vers le bonheur dans le domaine professionnel ou dans le domaine privé!

Bien souvent, des circonstances particulièrement difficiles et même de véritables obstacles sont d'utiles stimulations sur la voie des objectifs que nous nous sommes assignés. Ce qui est important, c'est de ne jamais se laisser irriter. «Tout passe!» Il est toujours bon de vivre vers l'avenir, avec confiance et persévérance. Cette voie mène au but par-dessus tous les obstacles.

Chacun devient ce qu'il a pensé devenir. Contemplez votre oeuvre, votre mission accomplie, votre bonheur devant vous. Tous ceux qui ont atteint leur but l'ont vu d'avance de leur regard intérieur et ils s'y sont consacrés. *Votre pensée d'aujourd'hui façonne votre avenir. C'est pourquoi vous devez apprendre à anticiper le bien du futur par vos pensées d'aujourd'hui.* Rien ne peut devenir réalité qui n'ait pas existé d'abord par

anticipation dans l'esprit, qu'il s'agisse d'une personnalité, d'une maison, de la santé ou de la richesse.
L'esprit ne connaît pas de limites. Grâce à l'esprit,
nous pouvons réaliser beaucoup plus de choses que
nous le pensons.

Exercices pratiques du Yoga-Nidra

L'exercice du Yoga-Nidra représente une asso-
ciation des trois exercices déjà décrits et de leur exten-
sion. Pour l'essentiel, nous suivons le schéma des
exercices qui vous sont déjà connus, avec seulement
quelques petits écarts:

1. Relaxation profonde
2. Penser trois fois à la formule (Sankalpa).
3. Libération (Repos créateur).
4. Repenser une fois à la formule.
5. Reprise.

L'efficacité de l'exercice du Yoga-Nidra repose
sur des normes spirituelles et sur des mécanismes
moraux que l'on peut absolument qualifier d'infaillibles
quoiqu'ils dépendent avant tout, il est vrai, de la
concentration et de la *faculté de détachement* de l'intéressé.
Concrètement, l'exercice se déroule comme suit:

• Vous vous couchez ou vous vous asseyez et vous
vous placez en état de relaxation profonde, avec,
cependant, un décentrage de la conscience tel qu'il
a été décrit dans l'exercice de concentration. Par vos
exercices précédents, vous connaissez déjà l'agréable
sensation d'être détendu. Maintenant, pensez len-

tement et concentrez-vous sur votre formule d'intention. Par exemple: «Je vais entreprendre une rationalisation dans la firme.» Ou: «J'obtiens le diplôme scolaire que je voulais avoir.» (Ou n'importe quel but que vous vous êtes assigné).

- Maintenant, dessinez en imagination une image exacte de ce que vous voulez atteindre. Voyez (pour nous en tenir aux exemples cités plus haut) comment le directeur de votre firme vous félicite, devant tout le personnel rassemblé, pour les fructueuses mesures de rationalisation que vous avez prises. Ou voyez comment vous venez montrer à vos parents, avec joie et fierté, votre certificat de fin d'études.

- Ensuite «libération»! Vous prenez une sorte de repos créateur. Et maintenant, voici ce qui est particulier au Yoga-Nidra. Vous abandonnez maintenant l'image de la formule, vous la libérez et vous consacrez toute votre pensée et vos sentiments à la représentation de ce qui est parfait, de ce qui englobe tout, et aussi du Tout qui embrasse l'avenir de tous les hommes. Vous vous en remettez de cette manière en toute confiance à l'Ordre absolu et à l'harmonie de la dimension cosmique de l'esprit. Vous éprouvez en même temps une volition et un abandon aux événements. De plus, certaines représentations peuvent être d'une aide extrême, particulièrement celles qui symbolisent l'Infini. Exemples: des nuages qui passent, des dunes dans le désert, les vagues de l'océan, la cime d'un arbre dans le vent, la pluie qui tombe sans arrêt, des montagnes couvertes de neige. En évoquant de telles images, vous demeurez cependant conscient d'avoir une destination dans cet Infini.

- Ensuite, avant de terminer l'exercice, vous répétez une fois encore votre formule d'intention avec une confiance inconditionnelle et la ferme conviction que votre projet se réalisera.

• Puis, vous faites une pause…Maintenant, vous reprenez conscience de votre corps. Vous respirez lentement et profondément. Vous vous étirez et vous contrôlez le corps de la pointe des pieds à la peau du crâne et au bout des doigts. Ensuite, vous ouvrez les yeux et vous revenez à vos tâches quotidiennes.

Vous ne devez plus vous préoccuper de vos désirs ni de vos sollicitations. Vous avez répandu une semence d'idées, et vous pouvez être certain qu'elle germera et qu'elle croîtra.

Il existe aussi une technique simple, supplémentaire, d'une grande valeur d'entraînement et qui permet en même temps de contrôler si et jusqu'à quel point l'intéressé peut se dégager de son Moi toujours agité et faire confiance à son Soi individuel.

Avant de commencer l'exercice, regardez l'heure. Déterminez une heure, à la minute près, à laquelle vous voulez terminer l'exercice. Ainsi, vous programmez, pour ainsi dire, le temps dans votre conscience. Maintenant, ne vous en préoccupez plus, et commencez votre exercice. Lorsque vous ressentez l'urgente nécessité d'y mettre fin, ouvrez les yeux. Regardez l'heure. Si c'est exactement celle que vous aviez fixée, alors vous pouvez être certain de vous être bien dégagé, si bien que vous vous êtes trouvé en liaison avec votre Soi, avec votre véritable identité, avec votre centre de commande et que vous avez impressionné votre subconscient. Votre subconscient est toujours présent, omniscient et créateur. Les rumeurs du jour ne font que le recouvrir.

Choisissez n'importe quelle longue période, en changeant le plus souvent possible. Vous pourrez bientôt constater que votre propre subconscient s'adresse à vous à la minute précise que vous aviez fixée.

PHRASE CLÉ

Le Yoga-Nidra me conduit à mon Soi et aux infinies sources de puissance de l'esprit qui façonnent créativement mon avenir.

6. La technique du Mantra

Dans toute technique spirituelle, la «libération» ou le «relâchement» a une signification si primordiale et si décisive qu'un moment vient où tout homme doit l'apprendre. Sans relâchement, les forces de réalisation qui se sont accumulées ne peuvent pas être opérationnelles. Dans le Yoga-Nidra, les pauses de repos servent au relâchement en fonction de la motivation. On trouve le même principe dans la section suivante qui traite de la prière.

Celui qui peut penser positivement éveille des forces créatrices importantes qui tendent à la réalisation de ce qu'il pense. Il ne doute pas que sa semence germera en temps voulu. Mais il demeure aussi dans l'expectative, s'accorde en même temps des pauses créatrices et veille ainsi au repos nécessaire, au développement et à la maturation de sa semence.

La libération, dans la vie de tous les jours, est un processus important dans le mécanisme d'action de

la pensée positive. À cet égard, une technique extrêmement efficace est celle du Mantra. Le terme sanscrit
«Mantra» désigne un mot, un aphorisme, une formule
d'adoration. Le Mantra le plus court est la syllabe OM.
Comme on l'a déjà dit, elle représente la notion de
Dieu, exactement comme notre Amen (Apocalypse,
ch. 3 verset 14: «Ainsi parle l'Amen...»). Elle est pensée,
dite ou chantée en une incessante répétition.

Au cours de mes leçons en Inde, on me confia
un jour la tâche de m'exercer avec le Mantra «Om
nama Shiva». Cela signifie à peu près: «Je vous salue,
Shiva.» Shiva est un aspect de Dieu. Maintenant, que
je dise cela ou que je dise «Je vous salue, Marie», c'est
exactement pareil. Dans les deux cas, il s'agit d'un
recueillement et d'un retour à l'adoration divine. Seule
est déterminante la disposition d'esprit et non pas la
formulation.

La forme de recueillement du Mantra est un
excellent moyen de «libération». La vibration qui en
résulte aide à se libérer des pressions du Moi et de
trouver l'accès de son Soi individuel, qui se trouve
lui-même en contact avec le Soi absolu, avec Dieu.
Ainsi, l'homme peut devenir un récipient du divin.
Nous devenons un canal pour le divin et ses illuminations. Ainsi, nous nous assurons également un accès
aux sources illimitées de la puissance de *l'esprit qui
constitue le divin en nous et qui est en liaison avec l'Esprit
infini que nous appelons Dieu* (Dieu en tant que somme
de tous les esprits). Et nous découvrons alors que
nous ne sommes pas seulement de faibles hommes,
mais que nous sommes très puissants en raison de
notre héritage spirituel.

L'effet du Mantra est connu en musique. On le
retrouve par exemple dans l'Ostinato de Karl ORFF,

souvent entonné. C'est la répétition persistante et tenace d'un thème. Le motif est encore dynamisé davantage par l'intervention d'autres instruments. Le but est atteint: l'auditeur est entraîné lui-même dans le processus vibratoire par cette constante répétition. Il s'identifie à la musique.

La seconde application du Mantra trouve son sens dans l'amplification d'une oscillation harmonisante. Il s'agit ici, sans aucun doute, d'un phénomène physique auquel on devra un jour prêter attention dans le domaine de la santé. On dit que les vaches qui écoutent de la bonne musique dans leur étable donnent plus de lait. Les expériences que l'on a déjà citées montrent que les fleurs poussent bien avec Beethoven et qu'elles se flétrissent avec la musique rock. Tout comme la musique, les mots prononcés dans le Mantra provoquent des vibrations.

Les corps de tous les êtres vivants sont de l'énergie, une énergie qui est transférée de la valeur oscillatoire de l'esprit au plan matériel. C'est pourquoi, il est compréhensible que notre corps et notre esprit soient réceptifs aux oscillations. Les vibrations harmoniques qui nous entourent ont une action forte et bienfaisante sur les cellules du corps et apaisante sur l'âme. Et la seconde action du Mantra repose sur la vibration harmonique.

On pouvait lire dans un article consacré au ténor qui, à l'époque , était le plus demandé et le mieux payé dans le monde, l'espagnol Placido DOMINGO: «J'ai rendu visite à Domingo dans sa loge de l'opéra de Cologne pour une petite expérience. L'homme à la puissante cage thoracique — qui se trouvait à côté de moi — chanta avec force «aaaaaaa» et la tasse de café, sur la desserte de verre, se mit à danser en rond avec une vibration sonore…Domingo arrive même à détruire une coupe de champagne en poussant un double fa dièse.» On a dit la même chose d'Enrico CARUSO. Quelle merveilleuse démonstration de la force des vibrations acoustiques!

Dans le même sens, la prière que l'on récite à table avant le repas n'est pas une habitude forfuite. Si on la pense et si on la prononce sincèrement, elle provoque une harmonisation de notre vie intérieure et elle agit favorablement sur notre métabolisme, donc sur la digestion biochimique de la nourriture. La prière avant le repas est un remède à la fois psychologique et médical.

Toute forme d'adoration de la divinité libère de précieuses vibrations qui apaisent, qui renforcent et qui renouvellent. Si le Mantra est soutenu pendant plus longtemps, l'effet en sera renforcé. Il ne faut pas s'étonner que les Mantras aient un effet apaisant sur les nerfs. Ils procurent la paix de l'âme et ils ont un effet calmant et régénérateur sur les cellules du corps. Un Mantra simple, mais ample et beau, est le suivant: Dieu est amour, Dieu est amour…

Un moyen de concentration similaire est le rosaire. Son effet repose sur la fréquente répétition des formules de méditation qui soutiennent la santé spirituelle et corporelle de celui qui prie. Bien avant la naissance du Christ, on citait déjà le chapelet dans la littérature indienne. C'est de là qu'il a été repris. En sanscrit, son nom est «Rudrakcha». Pour les pauvres comme pour les riches, il n'y a pas de différence dans le texte, mais bien dans le matériel. Les pauvres n'ont qu'une bande de coton avec des noeuds ou des grains, le Rudrakcha pour riches est fait de coraux ou de perles.

Il suffit de prendre dix minutes de son temps pour faire l'exercice. On recommande de procéder comme suit:

● S'asseoir calmement, le dos droit. Poser les mains l'une sur l'autre, la paume vers le haut; la main gauche repose sur les genoux, la main droite est dans la paume de la main gauche. Fermer les yeux.

• Ensuite, on répète le Mantra — par exemple, Dieu est harmonie infinie — régulièrement à chaque expiration. (Dans la répétition, on appelle le Mantra «Japa».) Il faut le prononcer à haute voix ou le penser intensément.

• Terminer l'exercice par une reprise consciente, comme vous avez appris à le faire dans les exercices précédents.

Naturellement, il ne s'agit pas dans cette technique, de la répétition mécanique d'une formule, ni de ses effets secondaires favorables, mais bien d'ouvrir à l'infini divin, qui englobe tout, ce que l'éducation et l'habitude ont rendu important pour notre Moi individuel limité.

Dans le cadre de cette méthode, il existe des formules spéciales et des indications qui conduisent à des degrés de développement spirituel déterminés. Mais il est urgent de vous mettre en garde contre des professeurs ou de soi-disant «maîtres» qui attirent de cette manière les gens sous leur coupe, la plupart du temps pour leur soutirer de l'argent.

RÉCAPITULATION:

La forme d'adoration du Mantra permet de plonger votre corps et votre esprit dans une vibration saine, bienfaisante et émouvante. Elle constitue aussi un moyen de vous dégager de vous-même et de vous ouvrir à l'infini divin.

7. *La prière*

L'idée de la force de la prière a été insufflée à l'homme. Les savants ont montré, à cet égard, des faits frappants.

Le célèbre savant atomiste américain N.J. STOVEL, dont les travaux scientifiques ont acquis une renommée mondiale, est devenu, en raison de ses recherches, un homme profondément religieux alors qu'il était un athée cynique. Il a travaillé durant de nombreux mois à chercher à mesurer les ondes du cerveau humain. Il finit par obtenir la preuve que chaque homme est tout à la fois un émetteur et un récepteur avec une longueur d'onde individuelle. Là-dessus, il a entrepris des recherches sur les processus qui se déroulent dans le système cérébral au moment de la mort. Avec quatre autres savants, il a procédé, dans une clinique, à une expérience exceptionnelle : enregistrer la fonction cérébrale d'une mourante. Les appareils de mesure se trouvaient dans une chambre vosine de celle de la patiente. Les savants assistèrent là à la dernière prière de la mourante.

La femme demandait qu'on pardonne à ses ennemis, qu'on lui pardonne ses propres faiblesses et ses péchés et elle s'en remit entre les mains de Dieu dans un soupir qui résonna comme un cri étouffé. Lorsqu'elle demanda à Jésus de lui accorder sa grâce, l'appareil de mesure produisit un son propre, l'aiguille monta à la fréquence maximum, jusqu'au point le plus haut de l'échelle.

Les savants furent déconcertés et complètement abasourdis en regardant ce chiffre culminant. Ce qu'ils voyaient dépassait toute notion scientifique. Mais une erreur était exclue. Pendant trente secondes, ils avaient vu de leurs propres yeux l'effet de la force de la prière de la mourante — et selon leur propre témoignage — ils s'en trouvèrent «confus, honteux et agacés» comme s'ils venaient d'être les témoins non autorisés d'un secret sacramentel.

Pour la première fois dans l'histoire de l'humanité, la force spirituelle de la prière avait été indiquée par un appareil de mesure. Cette force était plus considérable que l'énergie du plus puissant émetteur de radio américain, mesurée précédemment par le même instrument!

Une énergie aussi inouïe provient d'une prière qui n'est rien d'autre qu'une demande fervente, expression de la pensée et des sentiments d'un être humain. Cela nous rappelle la «force atomique de l'esprit»! En fait, une prière qui vient du coeur est la force la plus puissante du monde.

La légende rapporte qu'un évêque de Prague, enfant, avait assisté à la mort de son père dans un lointain village, et dans les circonstances les plus misérables, en compagnie de sa mère. Avec son fils, celle-ci parcourut la longue route qui menait à la ville pour y trouver du travail. À la vue des tours de la «Ville dorée», Prague, au début d'une nouvelle étape de son existence, elle dit à son enfant: «Agenouillons-nous et prions. La prière est la seule chose que je puisse te donner.»

La prière, au moment où elle est prononcée, produit d'importantes bénédictions, invisibles et insaisissables. La prière est aussi une anticipation du futur. La richesse que lègue une mère peut être dépensée en peu de temps; mais les possibilités que mobilise la prière de son coeur sont inépuisables. Une mère riche de biens matériels peut prier aussi bien qu'une mère pauvre, qu'elle vive avec son enfant ou qu'elle en soit séparée. Tout le monde peut prier, et la prière est le plus grand et le plus puissant de tous les dons que nous puissions nous offrir à nous ou aux autres.

La prière est une manière particulièrement efficace de penser positivement à ses objectifs, une source de puissance considérable et sûre, qui est à la disposition de l'homme. Dans la prière, nous associons notre propre force à la force originelle de Dieu. Lorsque nous pensons positivement en priant — sans laisser place au doute — nous pouvons «déplacer des montagnes». Nous participons tous à la force spirituelle de l'Esprit qui s'est manifestée en Jésus-Christ.

La différence, c'est que Jésus savait comment la mettre en oeuvre, et nous pas. Si les malades qu'il a guéris l'avaient su et n'avaient pas douté, s'ils avaient cru davantage aux forces qui les habitaient, ils auraient été tout aussi bien guéris. Cependant, ils avaient fait confiance au Fils de Dieu et non à eux-mêmes. Ce genre de doute nous est imposé à presque tous et nous domine. Il ne devrait cependant pas en être ainsi. Aussi, cette sentence du Christ est toutjours valable: «Homme de peu de foi, pourquoi doutes-tu?» (Matthieu, chapitre 14, verset 31).

C'est exactement ce qui, jusqu'à ce jour, constitue la barrière qui nous retient et que peu de gens ont pu franchir quoique chacun de nous en soit capable. En priant, nous pouvons nous réserver des ressources illimitées: le plus haut savoir, des idées à profusion, une santé parfaite, une richesse inépuisable, un amour infini, une confiance inébranlable, l'exaltante conscience du divin en nous. Celui qui fait appel à cette plénitude la ressentira.

Dans l'existence de tous les jours, nous éprouvons tout cela comme des incidences, comme des occasions favorables, comme des hasards heureux qui se produisent manifestement d'eux-mêmes, ou encore comme la force inexpliquée qui nous permet de supporter les situations difficiles. Cette plénitude prodigue est à notre disposition, et sans aucune réserve. Chacun de nous peut en profiter, et cependant, cette source ne se tarit jamais. C'est l'énergie originelle de l'esprit divin dont est né tout ce qui est visible et qui existera sans cesse.

Maître ECKART, un célèbre mystique et prédicateur allemand, qui a refondu le savoir théologique dans la foi intérieure de l'âme, déclarait déjà à la fin du XIIIe siècle: «*On doit prier avec tant de ferveur, avec toutes les fibres de l'âme et du corps, que l'on puisse se sentir un avec celui que l'on prie, avec Dieu.*»

Les prières sont des formules vides lorsqu'on se contente de les prononcer sans conviction du coeur et sans se tourner vers Dieu. Les aspirations, l'espoir, la foi, le sentiment de confiance et la conviction de vos pensées et de vos croyances transforment la prière en une force créatrice.

Lorsque vous êtes malheureux ou dans le doute, vous criez. Chargez ce cri de tous vos besoins et de tous vos espoirs. Je puis vous assurer que cela vous aidera. Ne vous contractez pas sur un problème momentané. Priez pour avoir la possibilité et la force de le régler.

D'une manière générale, chaque homme pense d'abord à lui. Ce n'est cependant pas suffisant si vous avez décidé d'atteindre un meilleur développement spirituel. Il faut élargir la prière et il faut y inclure le bien de toute l'humanité. Une prière devrait toujours être aussi une semence de pensée en faveur de la paix et de la connaissance, pour le bien de tous. Vous pouvez déjà ajouter à chacune de vos prières personnelles l'idée de la bienveillance à l'égard de tous les hommes.

La conclusion de votre prière devrait être un remerciement pour l'accomplissement de votre requête. Une vraie prière constitue aussi une louange de Dieu, de sa sagesse, de son amour, et un remerciement pour ce qui est divin en nous et qui représente notre esprit, «l'esprit de son esprit».

Il est secondaire de savoir si la prière doit être prononcée sur un ton normal — comme celui d'un enfant plein de confiance qui s'adresse à son père — ou sous forme d'un texte sacré venu du fond des âges. Dans la prière, nous exprimons ce que notre âme entraîne dans son mouvement vers Dieu. Ce qui importe, c'est l'intensité de notre pensée, de nos désirs et de nos sentiments. La prière exprime incontestablement les plus hautes expériences de notre conscience.

Un développement constant correspond à un désir essentiel de l'humanité, également dans le sens de l'évolution, et il trouve sa plus importante expression dans la consécration de l'homme au divin. En fonction de la conscience d'aujourd'hui, la prière doit être formulée autrement que par le passé. Elle doit être adaptée à notre savoir et aux lois de la pensée et de la foi. En orientant consciemment notre pensée dans la bonne direction, nous pouvons puiser de façon tout à fait efficace dans le réservoir de l'énergie divine de l'esprit.

Cette manière de s'exprimer ne doit pas être considérée comme dépréciatrice, ni comme une méconnaissance des valeurs religieuses. Tout comme avant, la force déterminante, créatrice d'énergie et hautement efficace, repose sur la franchise et sur la ferveur. Et en tout cas, c'est sur elles que repose le mécanisme de la prière venue du cœur.

Il n'existe qu'une bouée de sauvetage dans les situations les plus difficiles, les plus pénibles et les plus dangereuses: c'est Dieu. Des hommes endurcis, ensevelis dans une mine, s'écrient: «Mon Dieu, aidez-nous.» Moi-même, je l'ai vécu dans un avion qui menaçait de s'écraser. On n'entendait pas un bruit. Seulement le silence. Plus tard, un Français et une Indienne m'ont dit exactement la même chose: «Je ne pouvais que prier: Mon Dieu, aidez-nous!»

Devant des situations aussi dangereuses, le texte de notre fervente prière est absolument sans aucune importance. Comme ici, il peut avoir une résonance enfantine. Ce qui compte, c'est l'intensité. Mais dans notre vie de tous les jours, là où nous utilisons la prière pour assurer nos fondations — espoir, confiance, amour, — nous devrions aussi tenir compte des nouvelles connaissances des sciences spirituelles. Toute prière est également, du point de vue psychologique, une suggestion qui a un effet direct sur celui qui prie. Dans la vie de tous les jours, au lieu de dire: «Mon Dieu, aidez-moi!», ce qui sous-entend une impuissance totale, nous devrions prier en disant: «Dieu, soutenez-moi», ce qui renforce notre espoir confiant en Dieu et nous affermit de façon non équivoque.

À cet égard, nous devons aussi penser à la jeunesse. Beaucoup de jeunes trouvent que les textes des prières venues du fond des âges ne sont plus de notre temps. Cependant, en sachant que les lois de Dieu s'expriment par les lois de la nature — donc également par les lois de l'énergie — de nombreux jeunes peuvent retrouver les anciennes valeurs et les reconnaître sous de nouveaux vêtements. Pour cette raison, nous devrions également prendre garde à prier de façon correcte, c'est-à-dire efficace.

Prenons un exemple et examinons-en le contenu mental: «Dieu très cher, je vous en prie, donnez-moi le calme et la paix. Rendez-moi mon mari.»

Dans ce genre de prière, on trouve tout d'abord trop de doute.

- «Dieu très cher» exprime le point de vue erroné que l'on doit flatter Dieu si l'on veut obtenir quelque chose de lui. Dieu *est* amour.
- «Dieu très cher, donnez...» signifie que Dieu peut réaliser ce que nous ne pouvons faire nous-même. Dieu, qui est loin, quelque part dans le ciel. Mais Dieu est en nous.
- «Je vous en prie» est une formule de persuasion dont Dieu n'a pas besoin. Dieu est omniscient et tout-puissant.
- «Rendez-moi mon mari» signifie: «Je veux l'avoir.» Et cela signifie aussi: «Je me fiche de ce qui adviendra.» Dieu est harmonie et paix.

Il vaudrait mieux se rappeler les attributs de Dieu en se tournant vraiment vers lui et prier alors comme suit, avec confiance et ferveur:

- «*Dieu, vous êtes la paix absolue.*»

Être conscient de l'aspect divin qui correspond à ses désirs personnels.

- «*L'esprit de Dieu m'habite (je suis un enfant de Dieu) et je participe à la paix absolue de Dieu.*»

Être conscient de l'union avec Dieu, et aussi de l'union avec le calme et la paix.

- «*Le calme et la paix de Dieu m'emplissent.*»

Être conscient de ses propres possibilités sur la base de la «filiation de Dieu», ou, pour s'exprimer autrement, en raison de son attachement aux lois naturelles de l'esprit.

- «*Mon mari reviendra si c'est pour notre bien.*»

Confiance dans la gestion et dans la fatalité de l'Ordre cosmique en sacrifiant sa propre volonté personnelle pour l'idée d'harmonie.

Tout comme dans l'exemple qui précède, on pourrait soumettre à la critique la prière suivante: «Dieu très cher, je vous en prie, faites que je réussisse mes examens.»

Ce souhait trouverait une meilleure expression dans une prière qui serait à peu près la suivante: «J'ai fait de mon mieux. Dieu est la science absolue. Je participe à cette science. Tout ce dont j'ai besoin est en moi, prêt à répondre à l'appel. Je suis plein de confiance et de calme. J'y arriverai.»

Celui qui a prié de façon correcte s'en trouve immédiatement apaisé, encouragé consolé, libéré. Il s'est déchargé de son fardeau sur l'ordre cosmique supérieur. Il peut être plein d'espérance. Il confie ses soucis et ses désirs à la prière et les remet à Dieu. C'est une autre manière de «libération». Il attend le résultat avec joie et espoir, dans la tranquillité et dans le calme. *Celui qui sait prier devient forcément un homme qui pense positivement.*

Son sens de la vie repose essentiellement sur l'espérance que tout ce qui est bon pour lui deviendra réalité. Et celui qui vit en contact permanent avec le divin éprouvera le mieux comme une réalité tangible, — quoique souvent ce qui va devenir vraiment le mieux apparaisse tout autrement au premier regard que ce que l'on avait présenté comme le mieux à l'origine.

Si nous consacrons toute notre volonté, toute notre pensée et toutes nos forces accumulées à la poursuite de notre but, c'est parfait. Mais nous devrions cependant toujours laisser un peu de latitude pour tenir compte du fait que nos désirs pourraient se réaliser autrement que nous ne l'espérions: les voies du Seigneur sont insondables.

J'ai beaucoup allégé mon existence depuis que je termine mes prières par ces mots: «Je confie mes désirs à la grâce divine. Que *votre* volonté soit faite.»

Cela ne m'empêche pas de m'engager pleinement pour mes projets. Mais depuis que je pense ainsi, je ne suis pas ébranlée lorsqu'il en sort autre chose que ce que j'avais escompté. Alors, je ne considère pas qu'il s'agit d'un coup manqué, mais seulement d'une indication que ma route va dans une autre direction que ce que je croyais. Ainsi, je reste ouverte à l'attente de ce qui sera bon pour moi. Il ne serait pas du tout indiqué de vouloir absolument obtenir à toute force quelque chose de bien déterminé: peut-être y a-t-il beaucoup mieux qui nous attend, et nous le bloquons par une attitude intransigeante.

Cette phase de «libération» est indispensable dans le déroulement de la prière. Il ne doit pas être pénible de l'apprendre à l'aide des exercices décrits.

Dans la prière, on demande, mais on donne également. Il ne suffit pas de demander la santé à Dieu et, en même temps, de vivre et de penser d'une manière qui doit nous rendre malade. C'est seulement en respectant les lois naturelles d'une façon raisonnable de vivre et en nous préoccupant de notre harmonie morale et spirituelle que nous pouvons voir exaucer notre prière pour la santé.

Et que pouvons-nous donner pour que notre prière soit entendue? Pour qu'elle soit exaucée, nous nous en remettons avec confiance, à la volonté de Dieu et nous le remercions pour son appui.

La reconnaissance est sans aucun doute une force hautement dynamique et créatrice dont tout homme dispose librement. Nous devons apprendre à utiliser avec plus de ferveur l'énergie de nos sentiments. Une fois de plus, c'est ainsi que l'on anticipe le futur, et pour notre propre bien. Nous ne pouvons cependant pas bénéficier des bonnes choses tant que notre conscience ne s'est pas élargie, que notre coeur n'a pas grandi et que la force de notre reconnaissance n'a pas été stimulée.

La méthode la plus juste et la plus précise de prier a été donnée par Paul dans son Épître aux Philipiens (chapitre 4, verset 6): «*Ne vous faites aucun souci. Mais en toutes choses, recourrez à l'oraison et à la prière, pénétrées d'action de grâces, pour présenter vos requêtes à Dieu.*»

On trouve d'abord sous cette formulation, une pensée et un souhait fervents, ensuite une «libération» et enfin des remerciements anticipés pour l'accomplissement du souhait. La pensée met en branle des énergies. La «libération» et les remerciements traduisent la profonde conviction que l'avenir se façonnera pour son propre bien.

Il est vrai que la plus ardente prière ne peut modifier les lois divines. Mais dans un tel cas, elle nous conduit à nous mettre en harmonie avec ces normes et avec les données de l'existence. Nous nous rendons compte, de la sorte, que ce que nous voulons et demandons ne nous convenait pas et nous acquérons la force de nous adapter calmement et sereinement à notre sort et d'être maître de notre vie.

RÉCAPITULATION:

Les prières sont des pensées et des croyances orientées vers la consécration à Dieu. L'énergie qu'elles développent est en rapport avec l'intensité de notre prière.

8. Méditation

Méditer signifie réfléchir, observer en esprit. La vraie méditation mène à prendre conscience de son Soi intérieur. Méditer est à peine un travail de l'intelligence, c'est plutôt une vitalisation de l'esprit intérieur qui nous permet d'avoir accès à l'esprit cosmique ou, — pour l'exprimer autrement — de prendre conscience de Dieu.

Ce n'est que sous l'aspect du divin que la concentration devient méditation. Sans un élan conscient vers Dieu, il ne s'agit pas de méditation. Dans ce cas, nous parlerons plutôt de concentration. Vous pouvez par exemple vous représenter, dans votre for intérieur, l'océan avec ses vagues, son bruit, ses couleurs et son étendue: c'est un exercice de concentration. Si vous vous sentez plongé dans la représentation de l'étendue infinie de l'océan et si vous rattachez son «Infini» à l'Infini de Dieu avec son omniprésence en tout — donc aussi en vous — votre exercice de concentration devient de la méditation.

C'est ainsi que de nombreux sages éclairés, les mystiques et les saints de l'histoire, mais aussi bien des gens de notre temps, ont ressenti Dieu comme la quintessence de l'Esprit auquel nous participons tous, et ils l'ont perçu comme une complète harmonie et un amour infini.

Le Dr Joseph MURPHY fut un précurseur de ces idées, et il a appris l'amour et la pensée positive à des millions de gens qui ont lu ses livres. Il a rendu populaire la réalité de la «dimension cosmique de nos forces morales et spirituelles», en Amérique, en Europe, et même dans certaines parties de l'Asie. Le Dr Masaharu TANAGUCHI a répandu des idées similaires sur la résurrection de nos forces morales et spirituelles et sur notre illumination intérieure, non seulement au Japon mais aussi en Occident. Celui qui a en vue le développement et le bien de toute l'humanité — aujourd'hui si compromis — et qui connaît les causes de la souffrance et de la détresse de millions d'individus, celui-là doit savoir que la prise de conscience de nos forces intérieures et du divin doit devenir pour nous tous une nécessaire aspiration, si nous ne voulons pas nous résigner.

Compris de la sorte, les exercices de méditation — qui trouvent, il est vrai, leur exutoire dans notre pensée raisonnable mais qui vont bien au-delà de notre compréhension — sont d'une importance capitale.

Laissez votre intellect se reposer dans de tels exercices et découvrez alors, par exemple, comment les idées d'amour et d'harmonie n'appartiennent plus seulement au contenu de votre pensée mais sont devenues une partie de votre moi et de votre être. Même si ce nouveau sentiment vital ne se manifestait pour vous, au début, que par moments, vous en tireriez déjà un énorme profit. Il élimine les soucis et les maladies, vous transmet une richesse d'idées incomparables et renforce votre vitalité et votre caractère. Celui qui médite de cette façon devient plus fort dans la vie de tous les jours et contribue au bien de l'humanité.

Il faut se résoudre à admettre cette vérité que les expériences méditatives ne peuvent absolument pas s'apprendre. Un professeur peut tout au plus entraîner son élève jusqu'au seuil de son propre «Temple intérieur». Quoi qu'il en soit, vous avez appris dans ce livre des exercices — *donc une voie accessible* — qui vous permettront de progresser si vous le voulez intensément et si vous introduisez ces exercices dans votre pratique quotidienne.

- Les exercices de repos et de relaxation vous permettent de vous plonger dans le calme et dans une totale détente corporelle.
- Les exercices de «libération» (quelle que soit la méthode que vous choisirez) servent à la détente spirituelle. Vous faites des pauses créatrices.
- Les exercices de concentration et les exercices de technique de la pensée vous conduisent à la maîtrise

de votre intellect. Votre pensée façonne créativement votre avenir.

• Sur la base de ces techniques, vous êtes en état de rétablir votre équilibre moral et corporel et d'éveiller et de déployer vos facultés et vos forces, particulièrement celles de l'intuition et de la créativité.

● Maintenant, vous êtes bien préparé à la méditation qui va vous dégager des liens de votre moi et vous entraîner à une conscience qui dépasse les frontières de l'espace, du temps et de la matière, et à l'identification avec le divin qui se trouve en chaque homme, et avec Dieu qui est la substance originelle de toute la création.

Comme vous le voyez, les exercices que nous vous recommandons dans ce livre, qui commencent par la pensée correctement orientée et qui trouvent leur accomplissement dans la méditation, *nous conduisent à la prise de conscience de notre identification avec le divin de l'Univers et avec le divin qui est en nous.* La conscience de cette réalité de notre esprit récemment découverte est en mesure de nous inspirer de façon incroyable. Les idées qui jaillissent dans la conscience ainsi élargie ne doivent absolument pas surgir pendant un exercice. Elles viennent n'importe quant, la nuit au lit, le matin, dans la baignoire, sur le chemin du travail.

Ainsi, pour tout homme qui veut réaliser ses plus hautes possibilités, la méditation est-elle la meilleure des méthodes pour résoudre ses problèmes quotidiens et pour concrétiser ses droits au bonheur et au succès.

Dans l'histoire du passé, les rapports spirituels de l'homme avec le divin étaient largement inconscients, où ils constituaient un article de foi fondé sur l'enseignement des maîtres religieux: on y croyait ou

on n'y croyait pas. Aujourd'hui, c'est la science —
qui, au début du siècle des Lumières avait éloigné
l'homme de la divinité — qui est en mesure de dé-
terminer, grâce à ses nouvelles découvertes, le fondement spirituel qui se trouve derrière le monde visible
de la matière.

Dans un passé récent, beaucoup de gens, et particulièrement des savants naturalistes, n'osaient pas
exprimer leurs opinions sur Dieu par crainte de se
rendre ridicules. Aujourd'hui, la recherche scientifique
est arrivée à un tournant. Et peut-être que ce seront
bientôt ceux qui ne reconnaissent pas le fondement
de toute vie que nous appelons Dieu qui seront
ridicules.

Ainsi se referme maintenant le cercle des réflexions
que j'ai émises au début de ce livre à propos des
dernières découvertes de la parapsychologie et des
sciences naturelles. Derrière tout être existe une énergie
originelle de qualité spirituelle. Notre conscience, qui
s'est élargie, la perçoit. Pour le croyant, l'élan vers
Dieu s'accomplit par la prière. L'école supérieure est
la méditation.

Lorsque vous arrivez à mettre en concordance
vos connaissances et votre vie, vous vous distinguerez
par les meilleures performances dont vous êtes capable,
pour votre bien et celui des autres. On pourrait appeler
«méditation active» les efforts que vous accomplirez
dans ce domaine.

Et si vous atteignez l'objectif le plus élevé, si vous
éprouvez par expérience directe le contact immédiat
avec Dieu, il rayonnera de vous une telle paix de l'âme
que vous attirerez l'attention et le respect de vos semblables. Même les gens sceptiques ne peuvent échapper
au rayonnement de la paix et de l'harmonie intérieure.

Les conséquences d'un changement général de la conscience sont magnifiques à voir. Car lorsque la pensée de l'homme change, son attitude change également, et ce comportement modifié entraîne finalement un changement de toute la société. Ainsi l'évolution personnelle des individus mènera-t-elle un jour littéralement à la révolution sociale. Jusqu'à ce jour, chacun de ceux qui vivent parmi nous comme «transformateurs» sera le garant de l'espoir pour les autres qui se trouvent également sur la voie de la prise de conscience de leur Soi et du renouveau prometteur du monde.

RÉCAPITULATION:

Grâce aux exercices recommandés dans ce chapitre, vous pouvez transformer votre vie dans un sens meilleur. En vous représentant intérieurement la perfection de Dieu, vous introduisez l'harmonie dans votre propre existence, et vous contribuez au changement si nécessaire de la conscience de toute l'humanité.

CHAPITRE 6:

La pensée positive, clé d'une existence accomplie.

1.   Élargissement de la conscience? Vers quoi?

Les pensées de Johann Wolfgang von GOETHE n'appartiennent pas à une nation mais bien, comme il voulait qu'on l'entende, au monde entier. Au profit de toute l'humanité, il a inventé des sentences comme celle-ci: «Réaliser le divin est notre principal devoir.»

Comme nous le savons tous, l'existence de Dieu n'est pas prouvée selon des critères scientifiques. Mais on ne démontre pas davantage que Dieu n'existe pas. Toutes les sciences ont une zone de valeurs expérimentales. Pour les sciences spirituelles, un fait a son importance, c'est que dans l'ensemble de l'ère historiquement connue, il s'est trouvé des hommes qui ont eu conscience de Dieu en tant que substance de l'Esprit et qui se sont considérés eux-mêmes come son incarnation. Tout est possible à celui qui peut ouvrir sa conscience à cette connaissance.

Georg W.F. HEGEL (1770-1831), l'un des plus grands philosophes, et pas seulement de son temps, émit la prétention, acquise de façon essentiellement intuitive, que tous les phénomènes de la vie de la nature de l'esprit devaient être reconnus comme étant de la nature de l'esprit lui-même. Il parla, à cet égard, de la «prise de conscience de Dieu dans l'homme.»

Il établissait le spirituel sur le plan divin — comme de nombreux philosophes avant et après lui.

Plus d'un siècle et demi est passé depuis. Pour nous, les choses sont plus faciles. La recherche scientifique nous a fait faire un important pas de plus sur la voie de la foi vers la science. La possibilité et la nécessité de l'élargissement de la conscience sont véritablement devenues le mot d'ordre de tous ceux qui sont spirituellement engagés. L'un de sprincipaux jalons de ce développement — souvenons-nous des notions débattues dans le chapitre I — a été placé par le Dr Milan RYZL avec les «donnnées et les faits — présesntés par lui — dont il faut tirer la conclusion que notre monde physique de la matière n'est qu'une partie d'un monde supérieur dépendant du temps, de l'espace et de la matière et que l'homme survit après la mort dans la plus grande dimension de cet univers spirituel.»

Il ne fait pas de doute qu'une nouvelle ère de connaissances inouïes, capables de changer le visage du monde, vient de naître et que tout individu doit commencer à vivre avec elles.

Les meilleurs penseurs et les plus grands savants du XXème siècle ont reculé très loin les frontières de leurs spécialités. Parmi celles qu'ils ont franchies, il faut compter le passage de la physique à la métaphysique, la théorie des dernières limites et des dernières connexions de notre être, situées au-delà des perceptions sensorielles. À cet égard, le thème central de Dieu, qui nous concerne tous si profondément, appartient sans aucun doute à la condition humaine. A l'avenir, nous ne pourrons plus l'ignorer dans aucun domaine de l'existence.

Ces débuts d'une nouvelle orientation de toutes les sciences peuvent s'observer dans tous les pays avancés. A la Silla, la ville du superobservatoire de six pays européens dans les Andes chiliennes, un des astronomes a reconnu de façon significative: «Ce que nous faisons ici est, en fin de compte, métaphysique.»

Cependant, les masses se rendent à peine compte de ce développement universel, quoique cette ignorance aille à l'encontre des intérêts de chaque individu et de toute l'humanité.

Le plus intellectuel des philosophes indiens, SRI AUROBINDO GOSH, nous exhorte avec insistance: «L'humanité doit développer sa conscience spirituelle. Sans quoi, elle passera, et une autre humanité viendra qui en sera capable.»

Rudolf STEINER, le fondateur de l'antroposophie, disait également, déjà en 1904, lors d'une conférence à Berlin, que l'humanité devait et pouvait achever ce développement sur la base de l'évolution des individus, non sans que ne se déroulent encore avant cela de sanglantes guerres économiques.

L'évolution de la conscience est un développement irrésistible et pacifique. La nouvelle conscience spirituelle sera la marque distinctive fondamentale du siècle qui commence et elle sera déterminante tant pour les individus que pour l'humanité. Elle sera la base d'un avenir de bien-être et de paix universelle. C'est ce que pensent non seulement les philosophes, les psychologues et les parapsychologues, mais aussi les spécialistes des sciences naturelles, les économistes, les écologistes et les futurologues, c'est-à-dire tous ceux qui, aujourd'hui, pensent de façon objective.

2.   De la pensée positive à une vie meilleure.

Le Monde est une idée de Dieu. Ce qui se passe dans le monde correspond aux idées des hommes. Les souffrances des individus, les guerres des peuples jaillissent de la pensée des hommes.

Lorsque vous vous abandonnez à des pensées de malveillance et d'hostilité, vous empoisonnez votre propre vie affective. L'envie, l'angoisse, la haine, l'agressivité, des opinions et des convictions destructrices en résultent. Un comportement spirituel et affectif aussi destructeur ne peut conduire qu'à des difficultés, à l'insuccès, à la pénurie, à la maladie et à la souffrance. Les lois de la pensée et de la foi agissent aussi, en gros, selon la même logique des normes naturelles. Lorsque la plus grande partie des habitants de pays entiers pense de façon hostile, agressive et destructive et croit à la nécessité et même au caractère inéluctable d'une action guerrière, alors on en arrive inévitablement à la guerre et à la destruction à cause de ces convictions néfastes. Les choses s'aggravent à cause de la peur qui pousse à vouloir devancer l'ennemi abhorré. La création sans scrupules d'images hostiles et la diffusion irresponsable d'une propagande haineuse et incendiaire sont les «péchés mortels» que commettent des politiciens destructeurs contre la nature de l'esprit, contre Dieu. L'histoire de notre siècle le montre plus clairement que jamais.

Soustrayez-vous consciemment à toute propagande qui en appelle à l'hostilité et à la haine. Vous savez ce que savent si peu de politiciens «et ce que tant de gens mal influencés par une propagande démoralisante ne veulent pas comprendre», vous savez que *même la paix du monde dépend de la pensée des hommes, des opinions et des convictions de chaque individu*. La sauvegarde de la paix est entre vos mains!

Représentez-vous, en vous plongeant dans vos méditations, la parfaite harmonie de Dieu et du divin qui habite votre esprit. Voyez le divin en chaque homme que vous rencontrez, dont vous parlez, à qui vous pensez, et même dans la lutte contre les tendances agressives que vos opinions modifieront si suffisamment de gens pensent positivement comme vous. Vous ne pouvez rien trouver de mieux et de plus efficace pour contribuer à la paix du monde grâce à votre propre paix.

En même temps, vous emplissez d'harmonie votre vie personnelles. *Votre comportement fondamentalement confiant, votre attitude bienveillante à l'égard de tous les hommes est la condition du bonheur et du succès et d'une existence harmonieuse et accomplie que vous pouvez rechercher et atteindre en pensant positivement à vos objectifs.* En ce qui concerne le corps, cela signifie aussi que vous devez bannir toute pensée de maladie et enclencher plutôt la pleine conscience de votre santé. La pensée positive est le meilleur remède universel de l'avenir. Celui qui le sait peut déjà l'utiliser aujourd'hui.

Le présent nous a montré que les satisfactions superficielles, l'énervement, la brutalité et le sexe — qui, comme toujours, vend tout cher ou à bas prix — ne peuvent pas satisfaire les gens. Qui s'étonnera que des névroses de toutes sortes, des psychoses d'anxiété, des maladies psychosomatiques, de piètres résultats dans la vie professionnelle et dans la vie privée en soient la conséquence? L'homme ne trouve la paix de l'âme que dans le recueillement, la santé, le bonheur et le succès que par une pensée positive et constructive.

Et même lorsque les circonstances paraissent désespérées, une attitude confiante et une pensée positive orientée vers nos objectifs nous apporteront ce qu'il y a de mieux dans notre existence.

J'espère que la lecture de ce livre vous aura montré l'importance et la valeur de la pensée positive. Je dois vous laisser le soin de faire entrer dans vos habitudes les exercices utiles que je vous ai indiqués. Naturellement, vous ne devez pas vous attendre à accomplir immédiatement des miracles, quoique, à la longue, une attitude spirituelle positive — qui exige que vous vous y attchiez avec toute la persévérance nécessaire — puisse vraiment faire des miracles. Attendez tranquillement et en toute sérénité que ce qu'il y a de mieux et de plus élevé se réalise pour vous et pour votre existence. C'est la clé d'un avenir meilleur.

Chacun est aujourd'hui ce qu'il a pensé hier, et il sera demain ce qu'il pense aujourd'hui.

ÉPILOGUE EN GUISE DE VIATIQUE:

L'homme n'est pas seulement une semence microscopique dans le cosmos. Chaque homme est un soleil d'énergie. Il est bon d'y croire et d'en faire une réalité à l'aide de la «formule magique de la pensée positive».

Dites-vous : J'en ferai une réalité!